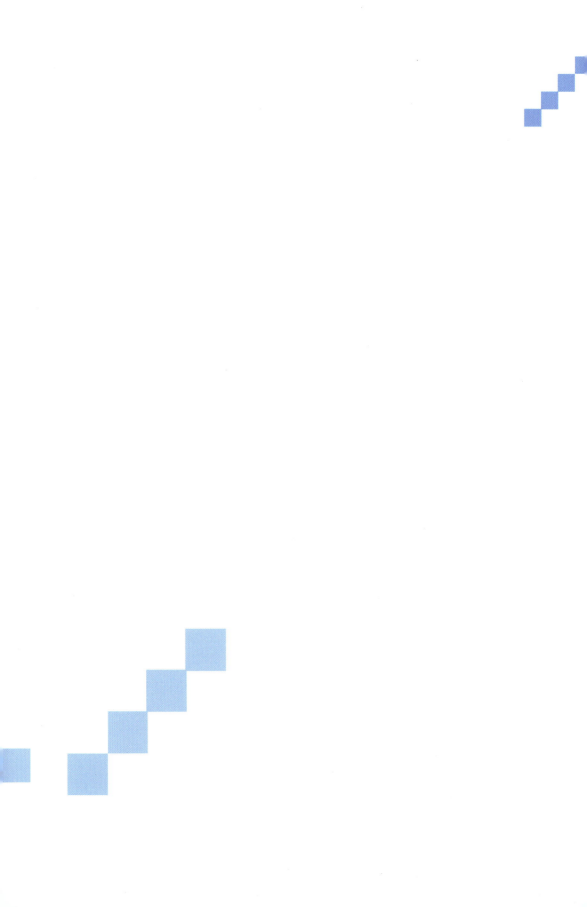

我国创新型人力资本对绿色增长的效应研究

林　西◎著

经济管理出版社

ECONOMY & MANAGEMENT PUBLISHING HOUSE

图书在版编目（CIP）数据

我国创新型人力资本对绿色增长的效应研究/林西著 . —北京：经济管理出版社，2024.5
ISBN 978-7-5096-9672-9

Ⅰ.①我…　Ⅱ.①林…　Ⅲ.①人力资本—影响—绿色经济—经济增长—研究—中国
Ⅳ.①F124

中国国家版本馆 CIP 数据核字（2024）第 084964 号

组稿编辑：谢　妙
责任编辑：谢　妙
责任印制：黄章平
责任校对：陈　颖

出版发行：经济管理出版社
　　　　　（北京市海淀区北蜂窝 8 号中雅大厦 A 座 11 层　100038）
网　　　址：www.E-mp.com.cn
电　　　话：（010）51915602
印　　　刷：唐山玺诚印务有限公司
经　　　销：新华书店
开　　　本：720mm×1000mm/16
印　　　张：11
字　　　数：215 千字
版　　　次：2024 年 5 月第 1 版　　2024 年 5 月第 1 次印刷
书　　　号：ISBN 978-7-5096-9672-9
定　　　价：68.00 元

前　言

　　工业革命为人类带来了工业文明，人类社会也随即拉开了"黑色发展"的大幕。由于过度开采、生产、消费及排放，自然环境被严重破坏。全球气候变暖、物种灭绝、能源枯竭等一系列问题已经影响到人类的生存和发展。迫于不断恶化的环境状况，1987 年，世界环境与发展委员会正式提出了"可持续发展"的倡议。虽然我国在 2005 年成为世界最大的碳排放国家，但一直以来都在主动履行"碳减排责任"，不但积极履行联合国制定的一系列环境保护条约和协议，而且在植树造林和退耕还林等方面取得了瞩目的成绩，还提前完成了碳减排的全球承诺。党的十八大的召开标志着我国开始从工业文明的"黑色发展"模式逐步转向生态文明的"绿色发展"模式；党的十九大修改通过的《中国共产党章程》增加了"两山论"；2018 年 3 月通过的宪法修正案将生态文明写入《中华人民共和国宪法》。我国经济发展正由要素驱动过渡到创新驱动。创新驱动将成为促进我国经济社会步入高质量发展时期的主要动力。创新驱动离不开创新型人力资本，创新型人力资本是一切创新的源泉。创新型人力资本作为掌握前沿知识和最新技术的生产要素，是我国发展过程中不能忽视的关键所在。深入研究创新型人力资本对我国绿色增长、绿色增长效率及绿色增长收敛的影响，不仅对我国经济社会实现高质量发展，处理好不平衡不充分的发展问题有着深远意义，而且对继续提高我国在全球的影响力有巨大作用。

　　首先，本书在梳理相关文献的基础上，建立了从数量和质量两个维度测算创新型人力资本的计算公式，分析了创新型人力资本的内涵和外延，阐述了绿色增长及绿色增长效率的含义，以及与本书研究相关的理论。在此基础上，进一步讨论了创新型人力资本数量和质量影响区域绿色增长的内在机制与路径，为后续实证研究奠定了理论基础。其次，从全国和区域两个层面对创新型人力资本进行了测算，同时对经济区域研究范围进行了讨论，确定以东部、中部、西部为研究区

· 1 ·

域。进一步地，本书运用空间统计分析技术对创新型人力资本数量与质量的空间分布特征进行了可视化分析，使用 Dagum 基尼系数分解法对全国创新型人力资本数量和质量的总体差异进行了测度，并进一步计算了三大区域的组内差异和组间差异，分析其发展变动趋势；运用核密度估计刻画了全国和三大区域的创新型人力资本数量和质量的空间分布动态演进趋势。最后，本书实证分析了创新型人力资本数量和质量对绿色增长的影响。通过设定创新型人力资本影响区域绿色增长的空间面板计量模型，构建绿色增长评价指标体系，运用纵横向拉开档次法对绿色增长水平进行了测度；利用全局和局部 Moran 指数对区域绿色增长水平和创新型人力资本数量、质量的空间相关性进行了检验，以确定所设模型的合理性；分别在距离权重和邻接权重下对模型进行了估计。此外，本书不仅检验了创新型人力资本对区域绿色增长效率的影响，还构建了空间动态面板条件 β 收敛模型，检验了创新型人力资本数量和质量影响我国区域绿色增长收敛的实际情况。

本书的创新点主要体现在以下三个方面：一是对创新型人力资本测量的方法进行了创新。首先，在总结国内外已有测量人力资本或创新型人力资本方法的基础上，梳理和界定了创新型人力资本的基本属性和内涵，在此基础上分别设定了创新型人力资本的数量和质量的测算方法；其次，进一步利用该方法分别对全国层面以及东部、中部、西部三个地区的创新型人力资本的数量和质量进行了测度，弥补了现有研究中对创新型人力资本质量方面测量的不足；再次，分析了样本期内全国层面创新型人力资本的数量和质量的增长趋势和年均增速，论述了不同层次的创新型人力资本数量的构成比例、增长趋势，并比较了它们之间的增速情况；最后，运用了 Dagum 基尼系数、核密度分析方法对全国和区域层面的创新型人力资本的数量和质量的区域差异及动态演进特征进行了分析。

二是将创新型人力资本"数量"和"质量"纳入同一框架的研究视角创新。国内外已有关于创新型人力资本和绿色增长的研究多从数量视角展开，这些单从数量维度出发的人力资本影响经济增长的实证分析出现了不少相互矛盾的研究结果。之所以出现这样的问题，除实证分析时用于测量人力资本的方法和指标不同外，另一个重要原因就是忽略了创新型人力资本质量的作用，没有把质量维度纳入整体的分析框架中，致使人力资本高度同质化，掩盖了人力资本的异质性，从而导致了实证结果的偏差。创新型人力资本是人力资本中最有活力且创新能力最强的一类，同时，就我国而言，创新型人力资本的空间分布差异尤为明显，区域间、区域内的数量和质量两方面的差异都非常显著，仅从数量视角开展相关研究显然不能满足我国经济绿色转型和经济高质量发展的内在需求。在人口老龄化程度不断加深、"人口红利"逐渐消失的背景下更不利于政策的精准制定和实施。鉴于此，本书采用了包括数量维度和质量维度的"双重视角"，这样可以较好地凸显创新型人力资本的异质性，能够使实证研究的结果更加准确，避免出现结果偏差。

三是从时间、区域和空间三个维度评估我国创新型人力资本发展演进特征，并进一步深入探索其绿色增长效应的研究内容创新。首先，本书从时间、区域和空间三个维度对我国创新型人力资本的分布和演化问题进行了深入分析，具体来说：一是运用 Dagum 基尼系数分解法对全国和东部、中部、西部地区的创新型人力资本的数量和质量的差异进行了分析，详细论述了全国层面创新型人力资本的数量和质量的总体差异，进一步阐明了东部、中部、西部地区的创新型人力资本的数量和质量的组内差异和组间差异，并讨论了区域差异的来源；二是采用核密度估计方法分析了全国层面和三大区域创新型人力资本的数量和质量的分布动态演进，根据核密度分布图分别讨论了全国层面和区域层面的动态演进特征。其次，对我国创新型人力资本如何影响区域层面绿色增长及绿色增长效率的问题进行了实证检验。在我国经济发展绿色转型和创新驱动的背景下，以内生增长理论和空间相互作用理论为基础，梳理分析了创新型人力资本影响区域绿色增长及绿色增长效率的内在机制，并以此为依据设计面板空间杜宾模型和包含交互项的面板空间杜宾模型，检验了创新型人力资本影响我国区域绿色增长及绿色增长效率的内在机制，其中创新型人力资本对我国区域绿色增长及绿色增长效率影响方面的实证研究进一步拓展了现有关于人力资本与经济增长实证研究的广度和深度。最后，对我国创新型人力资本如何影响区域绿色增长收敛的问题进行了深入分析。在考虑区域间创新型人力资本数量和质量的差异及作用于绿色增长的边际作用差异的情况下，本书构建了创新型人力资本影响区域绿色增长收敛的条件 β 收敛模型，分别检验了创新型人力资本对绿色增长条件 β 收敛和俱乐部收敛的影响，该内容与创新型人力资本影响区域绿色增长及绿色增长效率的研究共同形成了本书创新型人力资本绿色增长效应实证分析的框架体系。创新型人力资本影响我国区域绿色增长收敛性的研究在一定程度上使人力资本与增长收敛方面研究的层次更加丰富和深化。

本书的研究主要有以下发现：其一，我国创新型人力资本数量和质量增长态势明显，但仍存在区域发展不均衡现象，以东部沿海地区为"核心"的空间层级特征明显，尽管区域内、区域间人力资本数量和质量的差异逐步缩小，但缓解速度较慢，中西部创新型人力资本有待提高的事实不容乐观，部分地区存在创新型人力资本数量和质量不匹配现象；另外，创新型人力资本数量和质量的分布均显现出较强的空间相关性。

其二，我国不同地区间绿色增长水平存在空间相关性，创新型人力资本数量对区域绿色增长具有显著的促进作用，并且在"市场规模效应"和"价格指数效应"下，周边地区创新型人力资本的增加会对本地创新型人力资本产生"虹吸效应"，不利于本地绿色增长水平的提升；由于现阶段我国创新型人力资本的质量水平仍然不高、区域差距较大，因此创新型人力资本质量推动区域绿色增长的直接作用并不明显，但存在一定的空间正向溢出作用。与此同时，创新型人力资本可以通过影响技术进步来提升区域绿色增长水平。另外，创新型人力资本影响区域绿色增长的作用存在明显的区域异质性，直接作用和空间溢出效应在中西部更加明显。

其三，我国创新型人力资本数量和质量对区域绿色增长效率具有显著的正向促进作用，并且创新型人力资本数量对绿色增长效率的影响存在显著的空间负向溢出效应，而创新型人力资本质量对绿色增长效率提升的空间溢出效应并不显著。此外，周边地区绿色增长效率的提升可通过"示范效应"和"竞争效应"等路径对本地绿色增长效率产生积极作用。从区域层面看，东部创新型人力资本的数量和质量均对绿色增长效率具有显著的促进作用；而中西部创新型人力资本数量对绿色增长效率的作用显著为正，但创新型人力资本质量对绿色增长效率未能表现出显著的促进作用。

其四，我国创新型人力资本对绿色增长起到明显的收敛效应，不过，在距离权重和邻接权重表示的空间关联关系下，绿色增长的条件 β 空间收敛特征存在较大差异，距离权重下的创新型人力资本的空间溢出效应更强，对绿色增长速度的提升更大。从区域层面来看，我国东部和中西部绿色增长存在俱乐部收敛现象，且中西部创新型人力资本数量和质量在绿色增长收敛中的作用强于东部。

综合上述实证结果，本书提出了与三大区域相适应的对策建议，主要包括加大对创新型人力资本的培养与开发，进一步缩小区域之间的差距，充分发挥创新型人力资本促进区域经济绿色增长及收敛的作用。

林　西

2023 年 10 月

目　录

1　绪论 / 1

1.1　研究背景及问题提出 / 1

　1.1.1　研究背景 / 1

　1.1.2　问题提出 / 2

1.2　研究目的和意义 / 3

　1.2.1　研究目的 / 3

　1.2.2　研究意义 / 3

1.3　文献综述 / 4

　1.3.1　研究异质性人力资本的相关文献 / 4

　1.3.2　研究绿色增长及绿色增长率的相关文献 / 7

　1.3.3　研究创新型人力资本与经济增长的相关文献 / 9

　1.3.4　研究创新型人力资本与经济增长收敛的相关文献 / 14

　1.3.5　研究创新型人力资本测量的相关文献 / 17

　1.3.6　相关文献研究述评 / 21

1.4　研究内容及方法 / 24

　1.4.1　研究内容 / 24

　1.4.2　研究方法 / 25

1.5　研究思路与创新之处 / 26

　1.5.1　研究思路 / 26

　1.5.2　创新之处 / 28

2　概念界定及理论基础 / 30

2.1　相关概念界定 / 30

　2.1.1　创新型人力资本的概念 / 30

2.1.2 绿色增长的概念 / 32

2.1.3 绿色增长效率的概念 / 33

2.2 理论基础 / 34

2.2.1 人力资本理论的形成与发展 / 35

2.2.2 内生增长理论 / 40

2.2.3 绿色发展理论 / 43

2.2.4 经济增长收敛 / 46

2.3 创新型人力资本对绿色增长及绿色增长效率的影响机制 / 52

2.3.1 创新型人力资本影响绿色增长的机制分析 / 53

2.3.2 创新型人力资本影响绿色增长效率的机制分析 / 57

2.3.3 创新型人力资本影响绿色增长和绿色增长效率的
空间溢出机制分析 / 58

本章小结 / 60

3 创新型人力资本测算及其时空演变特征 / 61

3.1 创新型人力资本的度量 / 61

3.1.1 创新型人力资本数量的具体测度方式 / 61

3.1.2 创新型人力资本质量的具体测度方式 / 62

3.2 经济区域研究范围及数据说明 / 64

3.2.1 经济区域和经济区划简介 / 64

3.2.2 我国经济区划发展主要情况概述 / 64

3.2.3 经济区域研究范围与数据 / 66

3.3 创新型人力资本总体变动特征 / 67

3.3.1 创新型人力资本总体时间演变特征 / 67

3.3.2 创新型人力资本总体空间分布特征 / 71

3.3.3 创新型人力资本的区域差异及动态演进 / 72

本章小结 / 82

4 创新型人力资本影响绿色增长的实证分析 / 84

4.1 模型设定、变量及数据说明 / 84

4.1.1 空间计量模型设定 / 84

4.1.2 用于空间计量分析的变量选择 / 86

　　　4.1.3　数据来源说明 / 90

　　4.2　对绿色增长影响的实证结果分析 / 91

　　　4.2.1　空间相关性检验 / 91

　　　4.2.2　基准模型结果分析 / 95

　　　4.2.3　稳健性检验 / 97

　　4.3　技术创新及空间溢出机制检验 / 99

　　　4.3.1　技术创新机制检验 / 99

　　　4.3.2　空间溢出效应机制检验 / 101

　　4.4　东部与中西部的异质性分析 / 102

　　本章小结 / 103

5　创新型人力资本影响绿色增长效率的实证研究 / 105

　　5.1　绿色增长效率的测算 / 105

　　　5.1.1　绿色增长效率测算模型构建 / 105

　　　5.1.2　测算指标选取 / 107

　　5.2　实证模型构建、变量及数据说明 / 109

　　　5.2.1　空间杜宾模型的构建 / 109

　　　5.2.2　变量的选择与说明 / 110

　　　5.2.3　数据说明 / 111

　　5.3　对绿色增长效率影响的实证结果分析 / 112

　　　5.3.1　空间相关性检验 / 112

　　　5.3.2　实证模型结果分析 / 114

　　5.4　相关机制检验 / 116

　　　5.4.1　技术创新机制检验 / 116

　　　5.4.2　空间溢出效应机制检验 / 118

　　　5.4.3　稳健性检验 / 121

　　5.5　东部和中西部的异质性分析 / 123

　　本章小结 / 127

6　创新型人力资本影响区域绿色增长收敛的实证分析 / 128

　　6.1　研究设计 / 128

　　　6.1.1　条件 β 收敛 / 128

6.1.2　俱乐部收敛 / 130

　　6.2　实证分析 / 130

　　　6.2.1　条件 β 收敛分析 / 130

　　　6.2.2　俱乐部收敛分析 / 134

　　本章小结 / 140

7　结论、对策及展望 / 142

　　7.1　主要结论 / 142

　　7.2　对策建议 / 145

　　7.3　研究展望 / 147

参考文献 / 150

1 绪论

1.1 研究背景及问题提出

1.1.1 研究背景

改革开放以来，我国经济社会建设取得了举世瞩目的成绩，但长期以投资拉动的经济增长导致的资源枯竭、环境污染等问题不断显现。2008 年、2009 年和 2013 年，国家分三批划分了 69 个资源枯竭型城市（县、区）。据生态环境部统计，2023 年全国 339 个地级及以上城市平均空气质量非优良天数比例为 18.1%，平均重度及以上污染天数比例为 3.3%。相比空气污染，水污染和土壤污染更让人们担忧。在 2023 年度的"严重威胁公众的污染种类排行榜"中，"水污染"再列榜首，47.3% 的受访者表示正受到水污染的威胁。"土壤污染"首次超越"空气污染"，排名第二位，得票率达 30.8%。随着中国经济由高速发展进入高质量发展阶段，高污染、粗放型经济发展方式已无法满足整体发展需求，对此，党的十九大报告明确指出，"我国社会主要矛盾已经转化为人民日益增长的美好生活需要和不平衡不充分的发展之间的矛盾"，绿色转型和绿色增长成为中国经济发展的长期战略和迫切需求。2020 年在联合国大会上，中国明确向世界宣布了力争 2030 年前实现碳达峰和 2060 年前实现碳中和。我国的"十四五"规划将坚持绿色发展为导向的经济增长模式作为政府高度重视和长期执行的工作。与此同时，"绿水青山就是金山银山"的发展理念逐渐深入人心。如何在持续推动经济增长的同时，实现环境资源节约和环境保护，走出一条高质量发展和美丽中国建设的绿色转型之路成为当前我国经济社会发展的重点。寻找绿色增长动力也成为学术研究的热点。

人力资本是经济增长的动力来源，是创新的"灵魂"，是在资源和环境约束下绿色增长的主要动力。党的二十大报告进一步强调"实施科教兴国战略，强化现代化建设人才支撑"，充分说明了实施人才强国战略的重要性和人力资本在当前经济绿色增长中的关键性。创新型人力资本是人力资本中最为关键的部分，具有高知识储备、高创新活力和高创新效率等特点，是人力资本中的"尖兵力量"。创新型人力资本的积累能够推动知识的获取、吸收和消化，进一步推动创新能力的提升。我国是世界上人口最多的国家，是一个人力资本大国。近年来，随着人口老龄化和"人口红利"的逐渐消失，挖掘"人力资本红利"成为促进经济发展的动力，更是绿色发展的动力。

综上所述，绿色增长已成为当前我国经济发展的重要目标，寻求绿色增长动力来源成为社会各界关注的焦点，创新型人力资本作为技术进步、经济增长的关键动力，进一步挖掘其对绿色增长的促进作用成为一项重要的研究内容。

1.1.2 问题提出

Romer 的内生增长理论认为将人力资本的主观能动性融入技术进步，解释了经济持续增长的内在原因。据此，我国经济发展要实现绿色转型，人力资本数量和质量的提升显得极为关键。换言之，在资源约束和环境约束的背景下，我们能否通过发挥创新型人力资本数量和质量的作用，实现绿色增长？要回答这一问题，我们首先需要明确，创新型人力资本影响绿色增长的作用路径是什么？其内在机制是怎样的？并且，在我国人力资本区域分布不均衡的背景下，还需要回答创新型人力资本是否会对我国区域的绿色增长、绿色增长效率及增长收敛带来影响？深入研究这一系列问题，可为我国整体和不同区域绿色增长和协调发展政策的制定提供理论支撑和现实依据。

诚然，认识和解决上述问题对推动我国经济绿色发展意义重大，但在回答上述问题之前，我们还需明确以下几个方面：其一，何为创新型人力资本，相较于普通人力资本，创新型人力资本有何特殊属性？其二，我国创新型人力资本发展现状、时间和空间变化特征如何，不同区域间创新型人力资本发展差距如何？对于这些问题的回答是摸清我国创新动力来源情况的关键，也是进一步分析不同区域创新型人力资本影响绿色增长异质性，因地制宜制定相关政策的基础。

1.2 研究目的和意义

1.2.1 研究目的

本书以我国创新型人力资本对绿色增长、绿色增长效率及增长收敛为研究主线，出发点在于探讨创新型人力资本与绿色增长、绿色增长效率及增长收敛之间的关系，明确创新型人力资本会给绿色增长、绿色增长效率及增长收敛带来怎样的影响。具体来说，研究目的有以下几点：

首先，对我国的创新型人力资本进行界定。在明确创新型人力资本的范围后，对不同区域的创新型人力资本的数量和质量进行测算，并且对各个区域内部和区域间的创新型人力资本差异进行分解，以分析创新型人力资本区域差异的分布动态演进过程。

其次，检验创新型人力资本对我国不同区域绿色增长和绿色增长效率的影响。这里需要解决的几个问题是：创新型人力资本对各个区域的绿色增长和绿色增长效率是否存在影响？如果有影响，那么是正向作用还是负向作用呢？这些问题还有待系统地进行实证分析和检验。

最后，考察创新型人力资本对区域绿色增长收敛的影响。增长收敛是实现区域协调发展的重要条件。创新型人力资本能否促进我国不同区域的绿色增长收敛？这个问题需要通过相关的实证分析之后才能回答。

1.2.2 研究意义

本书从区域层面入手，将创新型人力资本、绿色增长与增长收敛三个重要问题综合起来进行研究，具有一定的理论意义和实践意义。

1.2.2.1 理论意义

在以往的研究中，国内外学者往往只对创新型人力资本、绿色增长及增长收敛的某一个或两个领域进行研究，本书则将这三个领域结合起来研究。相对而言，这样的做法能更加有力地对三者之间的内在联系、作用机制和影响方式进行更为全面、系统和深入的探索。本书将为创新型人力资本、绿色增长与增长收敛等现有领域的相关理论提供一些新的认识、发现和结论，在一定程度上丰富了相关领域的理论内容。

1.2.2.2 实践意义

本书将利用实际数据对我国区域的创新型人力资本的绿色增长、绿色增长效率及增长收敛进行实证研究，获得相应的数据统计结果，并根据该结果分析和探讨存在的问题，针对性地提出解决我国绿色增长和区域协调发展方面相关问题的建议和对策，可以为我国中央政府及各地方政府在制定发展规划、创新政策、人才战略和环境规制时提供一定的参考。

1.3 文献综述

通过对国内外文献进行全面、仔细的搜集、梳理及研读，发现有关创新型人力资本及其与经济增长的研究文献较多，总体上可以归纳为五个方面：研究异质性人力资本的相关文献、研究绿色增长和绿色增长率的相关文献、研究创新型人力资本与经济增长的相关文献、研究创新型人力资本与经济增长收敛的相关文献，以及研究创新型人力资本测量的相关文献。以上每一个方面又能够进一步划分为两个不同的研究方向，具体情况如图 1.1 所示。本书将按照图 1.1 的文献研究脉络框架来进行文献综述。

1.3.1 研究异质性人力资本的相关文献

人力资本理论和内生增长理论均认为人力资本是经济实现长期增长的"发动机"，但在实证分析中，有的学者却发现人力资本对提高经济增长率的影响非常弱甚至是负向的（Islam，1995；Nonneman and Vanhoudt，1996；Filmer and Pritchett，1999）。造成这种情况的原因之一是这些学者在进行经验研究时使用的是总量水平的人力资本，同质化的人力资本总量难以解释相互矛盾的实证结果（李敏等，2019）。回答以上问题需要从深入分析人力资本的异质性着手。基于此，越来越多的学者分层、分类地对人力资本的异质性开展了研究。

1.3.1.1 研究异质性人力资本性质的相关文献

舒尔茨在其创建的人力资本理论中虽然没有讨论人力资本的异质性，但是后来的学者在研究中涉及了对这方面的探讨。内生经济增长理论创始人之一的 Lucas 在 1988 年和 1990 年先后发表的两篇论文《论经济发展的机制》和《为什么资本没有从富国流向穷国》中区分了不需要特殊生产技能的一般性人力资本和体

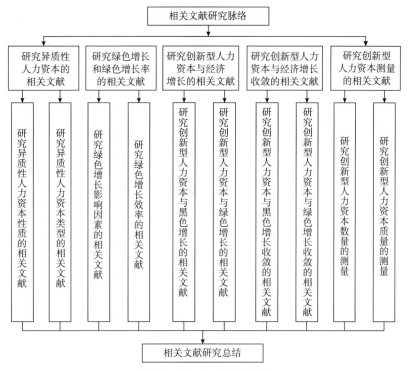

图 1.1 相关文献研究脉络

现劳动者特殊技能的专业化人力资本，并且指出专业化人力资本才是持续推动经济增长的动力源泉。内生经济增长理论的另一名创始人 Romer（1989）发现一个经济体的科学技术人员数量与技术进步率的资本边际产出贡献度成正比。无独有偶，Murphy 等（1991）的研究发现工程专业大学生比例高的国家比法律专业大学生比例高的国家的经济增长更快。Fedderke（2002）也有类似的发现，他研究了南非不同专业的高等教育对经济增长的贡献，发现理工科对全要素生产率的影响最为显著且为正向作用。本质上，无论是 Romer 提及的科学技术人员还是其他学者研究中的理工科大学生，他们都是 Lucas 提出的专业化人力资本。

前述的这些学者主要研究内容只是涉及异质性人力资本的问题，并没有专门去分析该问题，而丁栋虹（2001a）针对性的系统研究深化了学术界对人力资本异质性内涵的认识和理解。他指出现有的人力资本理论主要关注了人力资本投资和应用等方面的研究，但缺少对人力资本作为生产力的本质属性进行深入分析，从而很难解释个人和企业为何不断对人力资本进行投资及其所获收益与经济社会发展之间的联系，由此也造成了在微观和宏观两个层面的实证困境。对人力资本生产力属性的深入剖析有助于我们充分认识人力资本的性质。丁栋虹和刘志彪

（1999）从边际报酬的角度阐述了人力资本的生产力本质。他们认为人力资本作为生产要素对经济增长的作用可以分为两种情况：一种是边际报酬递增的情况；另一种是边际报酬递减的情况。由此，他们将人力资本划分为两种类型：一种是同质性人力资本，即在某个历史阶段边际报酬表现为递减的人力资本；另一种则是更为重要的异质性人力资本，即在某个历史阶段边际报酬表现为递增的人力资本。并且，结合人类社会发展进程来看，任何一个历史阶段都同时存在着边际报酬递增和递减的人力资本，但主导某个历史阶段发展的都是当时能够实现边际报酬递增的异质性人力资本，这就是异质性人力资本的主导性特征。李雪艳等（2012）进一步剖析了异质性人力资本的属性，指出异质性人力资本还具有稀缺性的本质特征，相比同质性人力资本更加高级。异质性人力资本的存在正是人类社会不断发展进步的根本原因。不过，虽然异质性人力资本是推动社会进步的主要动力，但它并不能完全替代同质性人力资本在经济增长中所起的基础作用（高远东和花拥军，2012）。

1.3.1.2　研究异质性人力资本类型的相关文献

丁栋虹（2001）从契约视角分析了现代企业中人力资本的类型和关系，他认为现代企业契约的双方并非人力资本与非人力资本，而是两种不同类型的人力资本：一方是异质性人力资本；另一方则是同质性人力资本。企业家是异质性人力资本的集中代表，而企业中的多数普通职工则是同质性人力资本的代表；这种契约的本质是为了获得异质性人力资本的生产力所带来的递增的边际报酬。丁栋虹认为企业家是异质性人力资本所有者的观点在李忠民对人力资本类型的划分当中也得以充分体现。李忠民（1999）把人力资本划分为一般型、技能型、管理型和企业家型四种类型，其中企业家型人力资本是最高级的一种形态，不但具备前面三种人力资本所拥有的多数能力，而且具备前三种人力资本没有的资源配置能力，所以企业家型人力资本的异质性是最突出的。

人力资本的差异性几乎是无限的，种类非常多（靳娟，2005），因此，学者们又提出了许多不同的人力资本类型，进而使异质性人力资本的外延更加丰富。姚树荣（2001a）不仅根据人力资本的异能性，将人力资本分为一般型、专业型和创新型三种类型；还基于组织分工的视角将创新型人力资本进一步分为战略创新型、制度创新型和技术创新型三类。其中，战略创新型人力资本匹配的社会角色是企业家，制度创新型人力资本匹配的社会角色是管理创新者，技术创新型人力资本匹配的社会角色是技术创新者。不过，还有学者对姚树荣的创新型人力资本分类提出了不同的看法。朱琪和李鸿玲（2007）认为如果从创新活动的角度来划分，创新型人力资本只存在技术型和制度型两类，战略型包含在制度型中。而彭伟辉（2019）则根据创新方式将创新型人力资本划分为渐进式和突破式两类。李红霞和席酉民（2002）从知识内涵和时代性的复合视角讨论了人力资本的异质性，指出农业经济时代的主导者是劳力型人力资本；工业经济时代的主导者变成了经营型人力资本和技术型人力资本，劳力型人力资本的重要性大为降低；知识经济时代的主导由经营型人力资本、技术型人力资本和信息型人力资本三者并驱，劳力型人力资本的作用进一步削弱。因为经营型、技术型和信息型人力资本这三者能够基于知识和信息进行创新，从而实现边际报酬递增，所以被统称为创新型人力资本。由于创新型人力资本本质上属于异质性人力资本，无论是经营型、技术型还是信息型人力资本都属于异质性人力资本，因而异质性人力资本的外延得以进一步拓展。由于教育是形成人力资本的首要途径，因此很多学者倾向按受教育程度把人力资本分为初级、中级和高级人力资本，并将受过高等教育的高级人力资本界定为能够实现边际报酬递增的异质性人力资本或者是创新型人力资本（刘金涛和刘文，2014；邓飞和柯文进，2020；江三良等，2020）。

1.3.2 研究绿色增长及绿色增长率的相关文献

绿色增长的概念最初由联合国亚洲及太平洋经济社会委员会（简称亚太经社会）在 2005 年提出。同年，该组织有关环境和发展的第 5 次部长级会议将绿色增长采纳为实现可持续发展和千年发展目标的关键战略。此后，全球众多学者对绿色增长开展了持续性的研究，这些研究主要集中在对绿色增长影响因素的讨论和对绿色增长水平的评价两个方面。

1.3.2.1 研究绿色增长影响因素的相关文献

影响绿色增长的因素很多，特别是碳排放。碳排放的减少取决于人类生产过程中能源利用的情况，也是很多学者在研究绿色增长问题时重点关注的因素。Khan 等（2021）分析了能源转型、能源消费与经济可持续增长之间的动态关联，发现能源转型与可持续增长之间存在长期关联，并且无论从短期还是从长期而言，经济的可持续性都会影响经济增长。Razzaq 等（2023）则认为绿色增长与能源转型高度相关，并且通过实证分析发现能源转型对绿色增长的影响具有门槛效应，对超过门槛水平的国家的绿色增长具有显著且积极的作用。同时，技术创新对能源转型有着显著且重要的影响（Khan and Su，2023）。Solarin 等（2022）则用矩分位数回归方法具体研究了技术创新对金砖国家可持续能源生产的影响，实证结果表明技术创新对单位 GDP 可持续能源产值低的国家的正向作用更大。然而，技术创新是一种需要花费大量资金的研发活动，企业的绿色技术创新活动需要持续和稳定的金融支持。由于企业内部融资普遍难以满足绿色创新活动的资金需求，因此金融机构作为企业重要的外部融资渠道，已经成为影响企业创新活动的关键因素（Jiang et al.，2022）。虽然金融发展被认为是影响绿色增长的一种重要因素，但不同的金融发展指标对绿色增长起到不同的作用（Zhao et al.，2019）。Haas 和 Popov（2018）研究发现信贷市场会显著地促进碳排放，但股票市场却能显著地抑制碳排放。除了金融发展和创新，政府的环境规制和环境治理对绿色增长也有着非常重要的作用。环境规制作为政府规范经济参与者环境行为的一种可行手段，在减少企业经营过程对自然环境的负面影响方面发挥着越来越重要的作用（Savage et al.，2020）。同时，将权力从政府下放到地方机构和社区被认为是环境治理的一个重要特征（Abid et al.，2021）。任何经济体的治理机构都直接负责为与绿色增长相关的环境保护战略提供建议（Razzaq et al.，2023）。在全球化趋势不断加强的背景下，其对世界各国的绿色增长的影响也与日俱增。Ahmad 和 Wu（2022）实证分析了经合组织成员 20 年的面板数据，发现经济全球化作为单一因素会导致生态退化，但当其与生态创新产生交互作用时，则能起到保护生态的作用。与全球化密切伴随的就是对外直接投资（Foreign Direct Investment，FDI）和东道国的对外开放程度。在全球化的过程中，FDI 对不同经济体绿色增长的作用也在不断加强。总体来看，FDI 对绿色增长的积极作用大于消极作用，能够通过减少污染物水平和污染强度来改善环境质量并促进经济增长（Hille et al.，2019）。而对外开放对绿色增长的影响比较复杂，目前学界主要存在三种观点：第一种观点认为对外开放会显著抑制绿色增长（孙瑾等，2014；薛慧芳和王国霞，2021）；第二种观点认为对外开放会显著促进绿色增长（刘成昆和杨容滔，2022）；第三种观点认为对外开放对绿色增长的影响存在阶段性特征（卢飞等，2018）。随着数字经济时代的来临，一些学者对经济数字化如何影响绿色增长产生了研究兴趣。Hao 等（2023）基于中国 2013~2019 年的面板数据研究发现数字化显著地促进了中国绿色经济的增长，以及数字化对绿色增长的空间溢出效应也是正向的。

1.3.2.2 研究绿色增长效率的相关文献

绿色增长效率的具体测量方法主要有两种途径：一种是通过已有的评价指标体系来测算绿色增长效率；另一种是通过主观权重分配和客观权重分配来构建评价指标体系（Casadio and Guarini，2018）。

从全球范围来看，有四种权威的绿色增长评价指标体系：第一种是亚太经社会的包容性绿色经济评价体系；第二种是经合组织的绿色增长指标体系；第三种是世界银行的绿色增长政策评价指标；第四种是韩国的全球绿色增长研究所创建的全球绿色增长指标（Global Green Growth Index，GGGI）（Barua，2022）。在这四种评价体系中，全球绿色增长指标相对而言更加全面，因为它综合了有效且可持续的资源利用、自然资产的保护、社会包容性和绿色经济契机等多个方面（Razzaq et al.，2023）。

从对现有测算绿色增长效率的国内外研究文献的调研情况来看，学者们更倾向于自己构建绿色增长评价指标体系，并运用各种数理统计模型计算出研究对象的绿色增长效率（胡莉娜等，2022）。在数理统计模型的选择方面，学者们主要使用随机前沿分析（Stochastic Frontier Approach，SFA）和数据包络分析（Data Envelopment Analysis，DEA），SFA 是一种参数型的前沿分析方法，而 DEA 则是一种非参数型的前沿分析方法。这两种分析方法对于测算绿色增长效率的适用性主要取决于样本数据计算的误差要求及测算结果的影响因素。另外，使用 SFA 测算绿色增长效率的具体方式比较单一，主要是应用 SFA-Malmquist 指数，而使用 DEA 测算绿色增长效率的具体方式则比较丰富，可以基于不同的距离函数如 Shepard、DDF 和 SBM-DDF 来构造不同的指数。总体而言，运用非参数的 DEA 模型进行绿色增长效率测算的国内外文献更加丰富一些，特别是在要考虑非期望产出约束条件下的多投入和多产出系统中，DEA 模型能够更好地体现出绿色发展的要求。

1.3.3　研究创新型人力资本与经济增长的相关文献

创新型人力资本是人力资本中一种极其重要的类型。很多学者对创新型人力资本与经济增长进行了实证研究。从总体上看，学者们对于创新型人力资本与经济增长的实证研究主要分为两个阶段：在第一个阶段，学者们进行实证研究时只考虑了实现增长的合意产出，而没有考虑增长过程中产生的非合意产出即相关污染物的问题，有的学者将这种增长称为"黑色增长"（尚勇敏等，2015）。本书把这一阶段称为创新型人力资本与黑色增长的研究。在第二个阶段，学者们进行实证研究时不但考虑了合意产出，还考虑了非合意产出。本书把这一阶段称为创新型人力资本与绿色增长的研究。现将这两个阶段的研究情况分述如下：

1.3.3.1　研究创新型人力资本与黑色增长的相关文献

概括来看，学者们对创新型人力资本与黑色增长的实证研究比较丰富，涉及微观、中观和宏观三个层面，其中，宏观层面的实证研究最多。

在微观层面，McGuirk 等（2015）实证研究了创新型人力资本对规模为 50

人以下的小公司创新性倾向的影响，发现在同样雇用受过高等教育的经理人的大公司和小公司之间，小公司的创新倾向更为强烈。

在中观层面，张华（2003）指出我国高技术企业的发展有赖于创新型人力资本的开发。高素英等（2016）研究发现创新型人力资本对河北医药制造行业取得竞争优势有积极作用。刘霖（2016）则认为创新型人力资本对我国网络商业经济的发展既有利又有弊。

在宏观层面，很多学者对创新型人力资本在经济增长中发挥的作用进行了经验研究。这些实证分析主要可以分为全国、区域、省份及国际比较四个方面：

在全国方面，胡永远和刘智勇（2004）使用人均受教育程度作为代理指标，实证分析了1978~1998年一般型、技能型和创新型三类人力资本对我国经济发展的产出贡献率，研究发现，在这三类之中，贡献力度日益加强的是创新型人力资本，而其余两类人力资本的贡献力度在不断衰减。创新型人力资本的边际报酬是递增的，对我国经济增长的贡献逐步增加（刘智勇，2004）。刘智勇等（2008）实证研究了技能型与创新型人力资本对技术进步的影响，发现创新型人力资本对全要素生产率增长的贡献要远大于技能型人力资本。刘智勇和胡永远（2008）继续探讨了经济增长中各类人力资本的作用机理，发现初等教育不能利用技术模仿或创新促进经济增长，但中等及高等教育均可利用技术创新推动经济增长，且高等教育的作用更大。可见，增加创新型人力资本供给对技术创新和进步有显著的促进作用（易先忠，2010）。欧晓万（2007）基于面板数据实证检验发现我国科技人员每增加1%，技术创新的专利发明授权量则增长0.456%。多位学者的实证研究均发现创新型人力资本对我国经济增长有正向作用（黄健柏，2009；黄飞和谢良，2009）。我国经济发展也日趋依赖创新型人力资本，同时经济增长及全要素生产率的正向冲击均会促进创新型人力资本的形成（谢良和黄健柏，2009）。张根明等（2010）则具体计算出我国创新型人力资本存量每增加1%，会促进经济产出增长1.10368%。白勇（2016）具体衡量了2003~2010年我国创新型人力资本的技术效率值，发现全国、区域及各省份的技术效率都还有上升空间。中国的创新型人力资本与经济增长之间存在着协整关系，对实现边际报酬递增有着极其重要的贡献（Xu and Li，2020）。因此，实现我国经济持续增长的关键是大力培养创新型人力资本并充分发挥其作用（刘智勇和张玮，2010）。刘智勇等（2018）指出我国经济发展中的一个典型特征是人力资本的结构持续从低级向高级转化，并通过实证研究发现人力资本结构高级化相较人力资本存量可以更好地说明东部、中部、西部这三个地区间的差距。同时，人力资本结构高级化显著地改善了我国经济高质量发展的水平（景维民等，2019）。

在区域方面，杨超（2014）利用1994~2011年的数据实证检验了我国东部、中部、西部人力资本结构与经济增长的关系，发现专业型人力资本对东部经济的促进作用偏弱，但对中部经济促进作用明显，而西部地区的关键问题不是专业型人力资本不够而是要提升人力资本整体水平。与杨超的结论不同，邓俊荣和龙蓉蓉（2017）使用1996~2014年我国省级层面的面板数据，实证分析了我国东、中、西三大地带的异质性人力资本对经济增长的促进作用，发现东部、中部的经济增长主要依靠创新型人力资本，而西部的经济增长是由创新型人力资本和基础型人力资本共同促进的。不过，对于中部地区的经济增长，杨灿（2018）有着不同的看法，他的实证研究发现1990~2015年该地区中级人力资本比高级人力资本对经济发展的贡献要大。李星晨（2017）则具体测算出我国东北地区的创新型人力资本存量每增加1%，当地经济产出会增加1.1038%。诸多实证结论表明不同水平的异质性人力资本对不同区域经济增长所起的作用不同（王圣元等，2016）。

在省份方面，赵蕊（2008）分析了黑龙江省创新型人力资本对经济发展的作用，测算出其对GDP增长的贡献率为11.5%，虽比非创新型人力资本的贡献率高不少，但远低于物质资本的贡献率。吴晓园（2011）认为科学家、工程师等创新型人力资本是决定福建省区域技术创新效率的主要原因。李培泓和张世奇（2011）测算了1978~2007年河北省人力资本对经济增长的贡献，发现专业型人力资本比一般型人力资本的贡献小，且远小于物质资本，他们建议该省要加速专业型人力资本的积累。孙宁生（2012）、赵玉田和刘晓伟（2018）均研究了甘肃省创新型人力资本对经济发展的作用，结论是在经济增长中，创新型人力资本存量的推动作用比较显著，但其水平偏低。任乐（2014）探讨了河南省异质性人力资本与该地区经济增长的关系，发现异质性人力资本相比同质性人力资本更能促进区域经济的增长。杨飞（2014）研究发现我国各省份的专用型、创新型人力资本与劳动生产率在空间上有一定程度的关联，并提出了基于异质性人力资本特征的浙江产业集群与县域经济升级路径和措施。姚嘉和张家滋（2016）实证检验了浙江省专业技术人员、技术创新与产业发展间的关系，发现人力资本水平低的地区无法通过技术创新推动当地产业发展。刘帅和钱士茹（2011）、韩静等（2019）实证分析了安徽创新型人力资本与经济发展的关系，发现创新型人力资本对安徽经济发展有着显著的积极作用。而杨静雯等（2019）针对性地分析了皖北地区创新型人才的经济增长贡献率，发现创新型人才的贡献度偏低。付瑶和徐维林（2014）、陈洁等（2017）实证分析了创新型人才对山东半岛蓝色经济区的发展贡献，均发现创新型人才的促进作用比较弱，应重视创新型人才的培养。不过，刘悦等（2018）以科技成果及专利数量为代理指标检验了创新型人力资本对山东省经济增长的贡献率，发现创新型人力资本对该省经济发展有显著的促进作用。

在国际比较方面，这类研究较少。陈宏和奉琴琴（2017）实证比较了我国与克罗地亚受过高等教育的劳动者对经济增长的贡献，发现克罗地亚的高等教育回报率已出现拐点，而我国离拐点还有一段距离。袁富华等（2015）比较了中国、日本、韩国、东南亚四国及拉美六国在长期经济增长过程中的人力资本结构演化问题，发现我国不仅在经济增长方面实现了成功追赶，而且在推进工业化和提高人均 GDP 的进程中，低等级人力资本也在不断向高等级人力资本进行梯次升级。

1.3.3.2 研究创新型人力资本与绿色增长的相关文献

随着人类社会的不断发展，环境问题越发严重，但有关创新型人力资本与绿色增长的针对性研究还比较少。过去，较多学者主要是围绕人力资本和与绿色增长有关的环境污染问题进行研究；现在，越来越多的学者开始围绕创新型人力资本对绿色增长的影响展开针对性的实证分析。

人力资本与绿色增长的研究发端于国外学者对不同国家经济增长与环境质量的分析。Grossman 和 Krueger（1991）实证研究了美国经济增长与不同污染物排放的关系，发现倒"U"形曲线可以揭示 SO_2、烟尘和水污染等指标与经济增长之间的关系。随后，Panayotou（1993）将这种关系命名为环境库兹涅茨曲线。自此，关注经济发展与环境质量的学者逐渐增加。

经济增长中引发的环境问题主要是生产过程中物质资本的不断投入所产生的副产品——污染物导致的（Gradus and Smulders，1993）。Hartman 和 Kwon（2005）建立了一个内生增长模型并引入人力资本用来减少生产中产生的污染，他们发现在考虑了人力资本的作用后，结果并非像 Stockey 所说的经济可持续发展不容乐观，反而是令人乐观的，因为人力资本与环境规制的相互作用能促使技术进步（Linde，1995）。对于人力资本与经济发展、环境污染之间的内部关联，相对于物质资本，人力资本是一种更加清洁的生产要素，有助于厂商选择和使用更加清洁的生产技术，从而推动绿色生产技术进步，实现经济的可持续增长（黄菁，2009，2010，2011）。由此可以推测，人力资本存量对经济的绿色增长会产生积极作用。唐迪等（2015）在 Malmquist 指数中增加了与环境有关的综合指数，计算了我国人力资本存量对绿色 TFP 增长率的影响，发现人力资本存量对绿色 TFP 增长率有正向作用。Bayar 等（2022）利用 2000~2018 年的数据，使用协整分析法实证分析了保加利亚、克罗地亚等 11 个欧洲转型国家的人力资本对二氧化碳排放的影响，发现克罗地亚、捷克、匈牙利和斯洛文尼亚等国的人力资本对二氧化碳排放有显著的抑制作用，但拉脱维亚和立陶宛两个国家的人力资本对二氧化碳排放有显著的促进作用，其余国家的人力资本在这方面则没有显著作用。董亚娟等（2017）则指出当时国内外研究者只关注了人力资本存量对绿色经济效率的影响，而忽略了人力资本的不同类型分别对绿色经济效率的影响。随着对人力资本异质性认识的深入，越来越多的学者在研究绿色增长问题时将目光投向了与技术进步有更为密切联系的创新型人力资本这个类型上。概括来看，学者们的研究视角主要集中在跨国、一国或一国内部某一区域及一国内部某一行业这三种情况上，接下来分别予以论述：

在跨国比较研究层面，Wang 和 Wu（2020）以中国和印度为例，实证分析了空气污染对两国技术创新型人力资本积累的影响，研究发现空气污染将会减少一些地区的技术创新型人力资本存量，并且空气中 PM2.5 浓度每提高 1% 会在中国造成约 146 名技术创新型人才的流失，而在印度则会造成 0.127% 的技术创新型人才的减少。

在一国或一国内部某一区域层面，有较多的学者进行了比较集中的研究。中国先后于 2015 年和 2017 年提出了绿色发展和高质量发展的战略，此后，越来越多的中国学者将创新型人力资本与绿色发展或高质量发展问题结合起来研究。Lin 等（2021）利用 2003~2017 年中国的省级面板数据，分别构建了双向固定效应模型、系统广义矩模型，实证研究了创新型人力资本对经济增长中二氧化碳排放的影响，检验结果表明创新型人力资本对抑制二氧化碳排放有比较显著的作用。王帅龙和李豫新（2022）构建了包含资源与生态环境指标的经济高质量发展评价指标体系，理论分析了创新型人力资本对高质量发展的直接和间接作用机制，并利用 2005~2018 年的省级面板数据，构建了动态面板模型和中介效应模型，实证检验了创新型人力资本的作用机制，发现创新型人力资本不仅可以直接促进中国经济的高质量发展，也可以通过技术进步和产业升级间接推动中国经济的高质量发展。王帅龙等（2022）从空间视角进一步研究了创新型人力资本对中国不同区域的经济高质量发展的影响，实证检验结果显示，从全国层面来看，创新型人力资本不但可以显著地推动当地经济的高质量发展，而且对周边地区的经济高质量发展存在正向的空间溢出效应，并且在经济距离权重中，创新型人力资本的空间溢出效应由西向东逐步增强；在地理距离权重中，空间溢出效应则由东向西逐步减弱。绿色发展是高质量发展的重要目标和必由之路（王雅婧，2021）。王珊娜等（2022）使用 2010~2018 年省际面板数据构建了固定效应模型和面板门限模型，实证研究了创新型人力资本对中国经济绿色转型的非线性影响，检验结果表明创新型人力资本与中国经济绿色转型显著正相关，在产业结构、异质性教育人力资本市场化水平等重要变量的作用下存在明显的门槛效应，并且指出多数省份受过高等教育的人力资本和市场化水平的提高有利于创新型人力资本绿色溢出效应的发挥。

在一国内部某一行业层面，学者们更多关注的是与环境污染密切相关的制造行业。王玉燕和王婉（2020）构建了中国制造业高质量发展评价指标体系，并利用2003~2014年的数据实证分析了全球价值链嵌入与创新型人力资本对中国制造业高质量发展的影响，检验结果表明创新型人力资本可以有效地削弱中国制造业在嵌入全球价值链后带来的消极影响，同时提升污染治理技术方面的开发和应用，有效破解"污染天堂"的困局，从而为中国制造业的绿色发展提供重要保障。柳香如和邬丽萍（2021）使用2000~2014年的数据实证研究了全球价值链嵌入及创新型人力资本对中国制造业国际竞争力的影响，检验结果显示全球价值链嵌入提升中国制造业国际竞争力的程度受创新型人力资本造成的门槛作用的影响，并且在不同的嵌入方式中创新型人力资本产生的作用不同，上游嵌入中的创新型人力资本有利于提高中国制造业的国际竞争力，而下游嵌入中的创新型人力资本所起的作用不显著。

1.3.4 研究创新型人力资本与经济增长收敛的相关文献

世界各国在经济发展过程中难免会出现增长有快有慢的不均衡情况。这种状况包括国与国之间的不平衡及一个国家内部不同地区间发展的失衡。那么，不同主体间经济发展失衡的状态会随着时间的推移趋于平衡吗？1956年，Solow在新古典经济增长模型中提出了经济增长收敛的假设命题。自此，国内外学者都高度关注不同经济体之间的增长收敛问题，不断对各种收敛理论假设进行实证研究，陆续引入不同的自变量及虚拟变量，试图真实并准确地解释跨国或跨区域增长是否出现收敛状态及存在何种收敛。特别是采用内生经济增长理论进行相关研究的学者发现，将人力资本视为增长的发动机并将其引入增长方程中用于控制稳态下的差异，可以更好地诠释增长收敛问题。

1.3.4.1 研究创新型人力资本与黑色增长收敛的相关文献

通过梳理文献发现，专门研究创新型人力资本与黑色增长收敛的文献非常少见，但研究人力资本与黑色增长收敛的文献较多。学者们主要从一国内的不同地区或跨国之间的比较两个视角来研究人力资本与增长收敛的问题。

在一国内跨地区研究视角方面，Soukiazis 和 Cravo（2006）分别用识字率、中学入学率及每百万人发表科技论文的比率来表示初等水平的、中等水平的和高等水平的人力资本，研究发现中等水平的人力资本能更好地解释巴西各州的收敛过程，而且不同水平的人力资本对发达程度不同的州所带来的增长作用不同，代表更高水平人力资本的变量能更有效地影响巴西比较发达的州而不是欠发达的州。Ramos 等（2010）在研究 1980~2007 年西班牙的人力资本溢出、生产率及区域收敛问题时将人力资本分为初级、中级和高级人力资本，但划分标准是受教育年限；他们的实证检验结果显示中级和高级人力资本对区域生产率和收敛均有显著的正向作用，但初级人力资本则不起作用。Felice（2012）在研究 1891~2001 年这个长周期中意大利的区域收敛问题时，采用识字率、入学率及两者的组合来表征人力资本，实证检验结果显示人力资本在 20 世纪的前 50 年对经济增长起到重要作用，并有利于意大利西北、东北、中部和南部的增长收敛。张树建等（2012）实证分析了人力资本对中国京津冀地区经济增长收敛的影响，发现在引入用平均受教育年限表征的人力资本变量后，该地区自 1996 年后表现出较强的条件 β 收敛，由此说明人力资本是促进该地区区域经济实现收敛的一个极其重要的因素。Arcabic 等（2021）认为人力资本是决定美国各州出现俱乐部收敛的主要因素。

在跨国比较方面，Cravo 和 Soukiazis（2008）将研究范围从巴西拓展到 77 个国家，分析了 1980~2000 年人力资本对这些国家经济增长收敛性的影响。在这次研究中，两位学者除了考察人力资本存量差异对 77 国增长收敛的影响外，还重点探讨了人力资本质量差异对收敛产生的作用。他们参照 Barro 的办法，用 25 周岁及以上国民平均受教育年限来表示各国的人力资本存量，但在各国人力资本质量的刻画方面，他们进行了优化，将每百万居民在科技期刊上发表论文数量的统计指标的人口年龄设定为 25 周岁及以上，同时还增加了两个指标：一个是每百万人中 25 周岁及以上居民获得专利的数量；另一个是每百万人中 25 周岁及以上居民获得专利数量与发表论文数量的比值。他们的实证研究发现，因为不同国家的发展阶段不一样，所以不同水平的人力资本会产生不同的收敛作用。用专利比或专利出版比表示的高级人力资本能更好地解释比较发达的经合组织成员的收敛过程，22 个经合组织成员增长收敛的速度为 1.27%；而用平均受教育年限表示的中级人力资本能更好地控制欠发达国家的稳定状态。当平均受教育年限被用作控制因素时，拉美组的收敛速度是最高的，达到 1.4%。近几年，Islam 等（2014）再次开启了人力资本存量和质量对经验研究中增长收敛结论影响的讨论。

他们认为用平均受教育年限表示的人力资本对经济增长的作用之所以无法确定，就是因为人力资本的质量方面被长期忽视了。他们利用 1970~2007 年包含 26 个发达国家和 63 个发展中国家的面板数据，实证检验了在改善生产率增长方面人力资本质量和存量之间可能存在的交互作用。并且采用 25 周岁及以上人口的平均受教育年限来测量存量，用每百万劳动力中毕业于世界前 500 强大学的人数、管理学院的质量及数学和科学教育的质量等 7 个指标来表征人力资本质量。研究结论表明，当人力资本质量和数量的互补性被考虑在内时，用平均受教育年限表达的人力资本数量对生产率增长有显著的正向作用，换句话说，人力资本数量对经济增长作用的加强取决于人力资本质量的提高，并且研究还发现两者对经济增长的交互作用在中低收入的发展中国家中表现得更为显著。Mannasoo 等（2018）用 25~64 岁人口中受过高等教育的人口比例及 25~64 岁人员中近 4 周内参加过终身学习的比例来衡量人力资本，实证分析了 2000~2013 年欧洲 31 个国家的 91 个地区的人力资本禀赋对全要素生产率的贡献，检验结果表明对于离生产前沿较近的地区而言，离生产前沿较远地区的人力资本对区域收敛趋势有着更为积极的影响。

1.3.4.2 研究创新型人力资本与绿色增长收敛的相关文献

通过查阅文献发现，不仅研究创新型人力资本与绿色增长收敛的文献罕见，而且研究人力资本与绿色增长收敛的文献也非常少，不过我们可以找到一些研究不同国家或地区绿色增长及收敛问题的文献。这些文献主要是从一国内的不同地区或国家之间的比较两个视角来研究绿色增长及收敛问题。

基于一国内跨地区研究的视角，Li 等（2022）运用熵值法、泰尔指数分解法和空间 β 收敛模型实证分析了 2010~2020 年中国绿色发展的区域差异和收敛问题，检验结果表明绿色发展的区域差异有先上升后下降的特点，区域内的差异是造成绿色发展不平衡的主要来源，而且中国的绿色发展同时存在空间绝对 β 收敛和空间条件 β 收敛两种情况，同时绿色创新有利于区域绿色发展的收敛。人力资本能够影响绿色创新绩效并促进绿色创新（Yousaf et al.，2022），因此，可以说人力资本间接地促进了中国区域绿色发展的收敛。Zhai 等（2022）采用动态空间计量的方法进行了类似的研究，他们使用 SBM - DDF 方法和 Malmquist - Luenberger 指数测算了 2001~2018 年中国 30 个省份（不含西藏和港澳台地区）的绿色生产率及其构成，实证分析发现，自 2001 年以来，绿色生产率呈现出上升趋势且表现为显著的条件 β 收敛；而且在区域层面，东部和西部还呈现出俱乐部收敛，并且环境规制会促进绿色生产率的收敛并缩小区域绿色发展的差距。Zhu 等

（2020）则从环境全要素生产率的视角讨论了中国东部、中部、西部及东北四大地区 1996~2016 年在绿色增长过程中的追赶收敛问题，实证检验结果显示，除中部地区外，其他地区都不存在俱乐部收敛。不过，由于四大地区存在空间自相关作用及条件环境全要素生产率收敛，落后地区可以通过长期的环境全要素生产率收敛实现绿色增长的追赶，尤其是东北地区要持续保持非技能型人力资本的输入。

基于国家之间比较的研究视角，Sun 等（2020）利用 1980~2016 年 104 个国家的面板数据实证分析了这些国家的环境绩效，检验结果显示，从长期来看，初始生产效率较低的国家能够赶上初始生产效率较高的国家，即实现绿色增长的收敛，并且在样本期内的 4 个不同时期，不同国家会形成不同的收敛俱乐部。而 Rochon（2021）的跨国实证分析则得出了与 Sun 等（2020）不同的结论，他利用 1990~2019 年 130 个国家的面板数据检验了这些国家在绿色增长收敛方面的情况，结果发现，没有证据能够支持所有国家在样本期内都实现绿色增长收敛，但是 130 个国家形成了两个收敛俱乐部和一个非收敛群组，而且第一个收敛俱乐部比第二个收敛俱乐部有更为强烈的收敛趋势。Shen 等（2022）则利用 1990~2019 年的数据实证分析了非洲 28 个国家绿色增长效率及收敛的情况，检验结果显示，在样本期内 28 个国家的平均绿色增长率为 1.51%，这些国家绿色增长的驱动力量主要来自技术进步而非效率变化，同时在不同国家之间还形成了三个不同类型的收敛俱乐部，并且这些俱乐部的绿色增长收敛动力均来自技术进步而非效率变化。

1.3.5 研究创新型人力资本测量的相关文献

在国内外学者的各种实证研究中，对人力资本存量的准确计量一直是个难点。长期以来，多数国内外学者对人力资本存量的测度实际是数量层面上的衡量，并没有在质量层面上体现出不同类型人力资本之间的异质性差别。正因如此，目前大量聚焦于人力资本数量的研究结果各不相同，这可能是由测量误差以及人力资本质量的巨大差异造成的（Islam et al.，2014）。而创新型人力资本作为近些年才被关注的一个新类型，它的存量测度更是难以把握。国内外学者大致把人力资本的测量方法概括为教育法、成本法和收入法三种（Le et al.，2003；李海峥等，2010）。有学者提出了指标法，认为指标法主要包括教育指标法和指数法（韩德超，2021）。这种概括方式是将教育法纳入指标法中，并补充了指数法，进一步完善了前人的概括。

国外学者针对创新型人力资本的实证论文很少，主要是结合人力资本的实证研究，多数涉及的是对人力资本数量的测量，不过，近年来基于人力资本质量或兼论数量和质量的实证研究不断涌现。尽管这些测量不是直接针对创新型人力资本的，但对如何准确测度创新型人力资本有着非常重要的参考价值。国外学者对宏观人力资本计量的具体方式比较多，而且涉及了人力资本数量和人力资本质量两个方面。笔者将其中比较有代表性的测度方式进行了归纳总结（见表1.1、表1.2）。

表1.1　国外宏观研究关于人力资本数量的测度方式

序号	测度视角	研究学者	具体指标或测算方法
1	教育指标法（教育年限）	Lucas（1988）；Barro 和 Sala-I-Martin（1995）；Barro（1999）；Barro 和 Lee（2001）；Gundlach（1995）；Islam（1995）；Temple（1999）；Wolff（2000）；Krueger 和 Lindahl（2001）	成年人口受教育年限的平均数或总和
2	教育指标法（教育人数）	Harbison 和 Myers（1964）	完成初等、中等或高等教育的人口或劳动者
		Barro（1991）；Mankiw 等（1992）；Levine 和 Renelt（1992），Gemmell（1996）；Keller 和 Katarina（2006）	学校入学率：衡量的是某一特定水平的在校学生人数与根据国家规定或习俗应在该年龄段上学的人口数量的比值
3	教育指标法（识字率）	Romer（1990）；Azariadis 和 Drazen（1990）；Benhabib 和 Spiegel（1994）	15 岁以上人口能够读写文字的比例
4	科技人数	Romer（1986）	从事研究与开发工作的人员数量

表1.2　国外宏观研究关于人力资本质量的测度方式

序号	测度视角	研究学者	具体指标或测算方法
1	教育指标法	Hanushek 和 Kimko（2000）；Barro 和 Lee（2001）；Altinok 和 Murseli（2007）；Hanushek 和 Woessmann（2008）	如数学、科学及阅读等可以进行国际比较的课程考试成绩
		Card 和 Krueger（1992）；Psacharopoulos（1994）；Krueger（1999）；Lee 和 Barro（2001）；Islam 等（2014）	师生比、生均费用、教师工资等
		UNESCO（1993）	复读率、退学率
		Jones 和 Schneider（2006）	IQ 测试分数

续表

序号	测度视角	研究学者	具体指标或测算方法
2	指数法	佩恩世界表（PWT10.0）	建立了覆盖 183 个国家基于教育年限和回报率的人力资本指数
		The World Bank（2021）	由世界银行 2018 年 10 月推出的指数，可以比较各国对年轻人在教育和健康方面的投资状况
3	成本法	Kendrick（1976）	将人力资本分为有形和无形两个部分进行成本核算，不包括非市场交易的家务劳动
		Eisner（1989）	将人力资本均视为无形资本，并将为养育孩子而付出的家务劳动的贡献也进行成本核算
4	收入法	Jorgenson 和 Fraumeni（1989，1992）	用劳动者预期寿命获得的终生收入现值衡量人力资本水平
		Mulligan 和 Sala-I-Martin（1994）	将受教育水平与劳动者收入水平相结合来度量人力资本
5	其他方法（科研相关）	Soukiazis 和 Cravo（2006）；Cravo 和 Soukiazis E（2008）	ART：25 岁以上每百万人在科技刊物上发表论文的数量；PAT：25 岁以上每百万人获得专利的数量；PAT/ART：用以表示科技工作的效率

在人力资本测量方面，国内学者基本上沿袭了国外比较成熟和普遍的做法。不过，国内学者也做出了新的尝试，就是对创新型人力资本进行测度。当然，与人力资本的测量一样，创新型人力资本的测量也包括数量和质量两个方面。但国内学者主要考虑的是创新型人力资本数量的测度问题，对创新型人力资本质量测度关注得比较少。笔者以表格形式对国内学者常用的数量层面的测量方式进行了总结（见表1.3）。

表 1.3　国内宏观研究关于创新型人力资本数量的测度方式

序号	测度视角	研究学者	具体指标或测算方法
1	教育指标法	胡永远和刘智勇（2004）；刘智勇（2004）；谢良和黄健柏（2009）；张根明等（2010）；高素英等（2016）	高等教育年限总和。该方法是某个时期受过高等教育的劳动力人数与高等教育年限的乘积，用公式表示为 $IHC_t = \sum E_t P_t$
		景跃军和刘晓红（2013）	平均受高等教育年限。该方法是某个时期受过高等教育的劳动力人数与高等教育年限相乘后再除以全部从业人数。用公式表示为 $IHC_t = \sum$ 受高等教育人数×高等教育年限/全部从业人数
		刘智勇和张玮（2010）	高等教育程度人口比重
		白勇（2016）	大学毕业生加在校大学生人数之和
2	收入法	黄健柏等（2009）	用大专及以上毕业生数量和专业技术人员数量乘以其他单位员工年平均货币工资得到的金额来代理教育投资形成的创新型人力资本
3	科研相关	朱琪和李鸿玲（2007）	用大中型工业企业中科学家与工程师的人数占所有在岗劳动力年平均人数的比值来代理技术创新型人力资本
		黄健柏等（2009）	用R&D经费支出表征投资创新型人力资本
		易先忠（2010）	用科学家和工程师的数量来衡量
		刘悦等（2018）	用历年的科技成果数和专利授权数来度量
		秦晓钰（2020）	使用从事研究与开发工作的人员数量
		Lin 等（2021）	每万名研发人员全时当量获得的专利授权数
4	多维相关	谢良（2008）	用平均受教育年限、专利数和论文数三个指标进行综合测量，并提出了一组测算公式：$CH_t = aD_t + bZ_t$、$D_t = cN_{1t}l_{1t} + dN_{2t}l_{2t}$、$Z_t = eP_t + fT_t$，其中，$CH_t$ 为某年我国的创新型人力资本存量；D_t 为某年与教育有关的存量；Z_t 为与专利和论文有关的存量；N_{it} 为某年 i 级教育的教育年限（$i=1$，2 分别代表普通高等学校本专科教育、研究生教育）；l_{it} 为某年 i 级教育的毕业生存量；P_t 为某年专利国内申请数；T_t 为某年国际三大系统收录我国科技论文；a、b、c、d、e、f 为折算系数

1.3.6 相关文献研究述评

在国内外文献综述部分，本书主要从创新型人力资本与经济增长研究、创新型人力资本与绿色发展研究及创新型人力资本与经济增长收敛三个方面进行了回顾。现从上述三个方面来总结国内外既有文献已取得的研究成果和还有待探讨的若干问题。

1.3.6.1 异质性人力资本研究方面的总结

美国著名经济学家罗伯特·卢卡斯在研究经济发展机制时区分了一般性人力资本和专业化人力资本，率先开启了人力资本异质性的讨论。中国学者丁栋虹和刘志彪（1999）则比较系统地对人力资本的异质性进行了研究，深入剖析了人力资本异质性的内涵，提出了人力资本异质性的相关概念，并在此基础上把人力资本划分为同质性人力资本和异质性人力资本。除了对异质性人力资本性质方面的研究，还有众多学者针对异质性人力资本的类型进行了广泛且深入的研究，围绕边际报酬递增这一核心属性提出了许多不同形态的异质性人力资本，极大地丰富了异质性人力资本的外延。

目前，对于异质性人力资本研究存在的不足主要表现在三个方面：一是对同质性人力资本和异质性人力资本之间的关系研究不够。丁栋虹等学者认为异质性人力资本也有生命周期，在生命周期晚期，异质性人力资本因为边际报酬递增的属性逐渐消失进而逐步转变为同质性人力资本，但并没有讨论和分析转化的原因，更没有分析异质性人力资本在转变为同质性人力资本后，是否还有可能再转变回异质性人力资本。二是在姚树荣提出创新型人力资本这一类型后，并没有学者系统深入地去研究创新型人力资本与异质性人力资本之间的关系，从而使得学术界对这两种极具代表性的人力资本类型的认识和理解不够清晰，不利于理论和实证研究的开展。三是虽然学者们提出了很多异质性人力资本的不同类型，但有的类型的划分依据比较模糊，有的学者在分类时并没有对划分依据进行详细的解释和说明。

1.3.6.2 绿色增长与绿色增长率研究的总结

从总体上看，国内外学者在研究绿色增长与绿色增长率方面的视角还是比较丰富的。在研究影响绿色增长的因素时，学者们主要探讨并实证分析了能源转型与能源消费、技术创新、金融发展和创新、环境规制和环境治理、全球化、外国直接投资和对外开放等诸多因素对绿色增长的影响以及具体的作用机制，在一定程度上拓展并深化了人类对影响绿色增长的因素的认识和理解。在研究绿色增长效率时，不仅有国际权威机构还有世界各地的众多学者从不同的角度创建了用于衡量绿色增长水平的评价指标体系，并主要运用随机前沿分析和数据包络分析对不同国家和地区的绿色增长率开展了具体的测算。这些研究和测算对世界各国及相关国际机构推动全球性的绿色发展、实现人类的可持续发展做出了较大的贡献。

就目前而言，国内外学者对于绿色增长与绿色增长率研究存在的主要不足有两个方面：首先，在研究绿色增长的影响因素时，虽然讨论了多种因素，但对创新型人力资本如何影响绿色增长的问题涉及较少，鲜有从数量和质量两个维度分别展开探讨的；其次，在探讨绿色增长效率的过程中，学者们很少考虑创新型人力资本对绿色增长率的影响及作用机制。

1.3.6.3 创新型人力资本与经济增长研究的总结

国内外学者研究创新型人力资本与经济增长问题的视角非常全面，涵盖了微观、中观和宏观三个层面。在微观和中观层面，学者们研究发现，无论是企业的创新意愿，还是行业的竞争发展，都少不了创新型人力资本的影响。在宏观层面，早期，学者们普遍使用传统的计量经济方法和全国层面的时间序列数据，之后由于关注创新型人力资本对区域经济增长的影响而逐渐采用省级甚至是地区一级的面板数据，最近流行的研究方法是采用空间计量分析技术来进行实证研究。在经济增长过程中，由于环境污染造成的生态问题日益严重，学者们在进行研究时已不再单纯考虑创新型人力资本对传统经济增长的影响，而是越来越多地考虑创新型人力资本对绿色经济增长的作用。尽管早期的学者采用传统计量方法来分析创新型人力资本与黑色增长的问题，现在的学者采用空间计量技术来研究创新型人力资本与绿色增长的问题，但是这些研究所获得的结论都是比较一致的，也就是创新型人力资本无论是在黑色增长或是绿色增长中均能发挥积极的作用，都是相应增长模式的主要推动力量。

创新型人力资本与经济增长的研究多数都是实证研究。实证研究就会涉及度量创新型人力资本的问题。在现有的研究中，多数学者对异质性的创新型人力资本还是采用传统的测度方法，主要是用受教育程度来区分低、中和高级人力资本。其实，这只是从数量上来区分不同的人力资本，无法体现不同质量人力资本之间的异质性，也就是说现有的多数研究往往忽略了创新型人力资本的质量部分。创新型人力资本是所有人力资本中质量最好、最为重要的部分，是最能够掌握和利用技术，促进技术革新和绿色增长的力量。因此，在研究创新型人力资本对绿色增长的影响时，特别要针对性地、深入细致地把握和度量这种人力资本的质量部分。在研究时，既考虑创新型人力资本的数量，又考虑创新型人力资本的质量，才有可能获得更为准确和可信的实证结果。

1.3.6.4 创新型人力资本与经济增长收敛研究的总结

总体来看，研究创新型人力资本与黑色增长收敛的文献非常少，但研究人力资本与黑色增长收敛的文献较多。在人力资本对不同国家之间的收敛性或区域黑色增长收敛及协调发展方面作用的大量实证研究中，众多国内外学者均证明了人力资本数量在 β 收敛、σ 收敛、俱乐部收敛等情况中都发挥了非常重要的作用，特别是初始人力资本水平的异质性对不同经济体之间的收敛速度会产生十分显著的影响。此外，有些学者还专门研究了人力资本质量对经济增长收敛的作用，进一步深化了这一领域的研究。同时，多数学者也认同人力资本是决定不同国家或区域之间经济增长能否出现收敛的重要因素。

虽然众多学者在研究跨国或区域经济增长收敛的过程中对人力资本因素的影响和作用进行了许多分析，但依然存在以下三点不足：一是多数研究将人力资本视作一个整体，很多学者在研究人力资本与跨国或区域经济增长收敛问题时，无意或有意地把人力资本同质化，使得人力资本的异质性被严重忽略，鲜有学者从人力资本异质性角度分层或分类开展研究的，这正是为什么研究创新型人力资本与经济增长收敛问题的文献较少的主要原因；二是现有的研究多数偏重人力资本数量对经济增长收敛产生的影响，在很大程度上忽略了人力资本的质量，而人力资本质量恰恰可能是决定经济增长是否形成收敛的关键因素；三是现有的研究绝大多数关注的是人力资本与黑色增长收敛的问题，专门研究人力资本与绿色增长收敛问题的文献较少。因此，亟待加强创新型人力资本对绿色增长收敛的作用这方面的研究，这也是本书研究该问题的主要原因之一。

1.3.6.5 创新型人力资本测量研究的总结

总体来看，在研究人力资本相关问题的国内外文献中，在测度人力资本或创新型人力资本时，多数学者都是从数量维度进行测算的；也有少数学者是从人力资本质量或创新型人力资本质量的维度来研究相关问题，并且考虑人力资本质量或创新型人力资本质量对相关研究问题影响的学者有逐渐增多的趋势。不过，同时从数量和质量两个维度来分析讨论人力资本或创新型人力资本相关研究问题的国内外学者还比较少。

综合上述国内外学者在人力资本或创新型人力资本存量测度的情况来看，一个明显的缺陷就是学者们要么在实证研究中只测度了数量层面，要么只测度了质量层面。虽然人力资本数量和人力资本质量都对经济增长有积极作用，但人力资本质量相对更为重要。然而，有些学者在理论和实证研究中均发现人力资本质量对增长的解释力存在局限性，比如，在控制了人均科技论文数量或研发人员数量后，人力资本质量的显著性就消失了。不过，在人力资本对经济增长影响的实证研究中，人力资本的数量和质量之间并非相互排斥而是相互促进的，因为人力资本质量可能会通过提高人力资本数量来影响增长。学者们应该关注经质量调整过的数量及在对比跨国生产率提高的研究中重视人力资本数量和质量的相互作用（Islam et al.，2014）。

1.4　研究内容及方法

1.4.1　研究内容

本书的研究主题是我国创新型人力资本的绿色增长效应研究。在对研究现状及尚未解决的问题进行文献梳理的基础上，界定了创新型人力资本的概念，确立了本书研究的理论框架。通过总结对比国内外学者测量人力资本的方法，全面系统地筛选了创新型人力资本的度量指标，从数量和质量两个层面对我国创新型人力资本发展水平进行了测度。进一步地，在文献研究、内涵把握等基础上，本书量化分析了我国创新型人力资本的空间分布特征、区域差异及空间分布动态演进规律，对我国创新型人力资本的发展态势与特征进行了深入剖析。以创新型人力资本数量和质量测度数据为基础，结合梳理得到的创新型人力资本影响区域绿色增长及绿色增长效率的理论机制，构建了创新型人力资本影响绿色增长、绿色增长效率及绿色增长收敛的计量模型，实证分析了全国层面及三大区域层面创新型人力资本的绿色增长效应，并根据研究结论，提出了促进我国创新型人力资本积累及发挥创新型人力资本绿色增长效应的对策建议。

本书的主要研究内容包括以下五个部分：

（1）理论基础研究。本书的第1章和第2章属于基础研究。第1章介绍了研究背景、问题来源、目的与意义以及国内外研究现状等，阐述了研究内容和研究方法，建立了整体的研究框架。第2章对本书研究的核心概念——创新型人力资本进行了界定，设计了用于测度创新型人力资本数量和质量的代理指标，并对与本书研究相关的理论进行了概述。

（2）创新型人力资本的测算及其时空演进特征分析。这部分的研究主要体现在第3章上。在第2章的基础上，本章运用测度公式分别对全国层面和区域层面的创新型人力资本的数量和质量进行测算。依据测算结果，考虑到经济区域的资源禀赋、自然环境、发展水平及区位优势各不相同，各自所拥有的创新型人力资本的数量规模和质量水平也不同，本书进一步运用空间统计技术、Dagum基尼系数、核密度估计等方法对我国创新型人力资本数量及质量的空间分布特征、区域差异及空间分布动态演进规律进行了较为深入的探讨。

（3）创新型人力资本对区域绿色增长的影响分析。第4章讨论了该内容。自工业革命以来，世界各国在追求社会经济发展的过程中向自然界排放了大量温室气体，造成地球的温度逐渐增高，南北两极的冰川逐渐消融，海平面不断抬高，严重威胁到人类社会的生存和发展。因此，目前中国作为全球第一大发展中国家，在寻求发展的过程中坚持"绿色发展"，也就是既要增长又要环保，这就对经济发展提出了更高要求。而创新型人力资本由于掌握了前沿的知识和技术，从理论上讲是可以保障绿色发展的，但具体情况如何需要通过实证检验。这也是笔者研究创新型人力资本对区域经济绿色增长影响的目的所在。

（4）创新型人力资本对区域经济绿色增长效率的影响。绿色增长更多体现为在不破坏环境容量及其承载力的前提下，实现经济的稳定增长；绿色增长效率则更加强调在追求经济增长成果的过程中尽量减少对资源的消耗并降低对环境的破坏。绿色增长效率的提升是实现更高水平绿色增长的内在动力，对绿色增长效率的探索是寻求推动绿色增长动力机制的过程。鉴于此，有必要在讨论创新型人力资本对区域绿色增长作用的基础上，进一步讨论创新型人力资本对区域绿色增长效率的作用。

（5）创新型人力资本对区域绿色增长收敛的影响研究。我国创新型人力资本空间分布不均衡现象明显，因此从"量"的积累来看，其推动各区域绿色增长的作用将存在差异，那么这种差异是否造成了区域绿色增长水平的"极化"发展？是否形成了"马太效应"？则有待于我们进一步研究。明确这些问题，不仅有利于我国绿色增长区域协调发展政策的制定，而且有利于整体区域协调发展策略的选择，因此本书第6章通过设计空间收敛模型对这些问题进行了深入的探讨。

1.4.2 研究方法

本书主要使用了以下研究方法：

（1）文献研究法。科学规范的研究离不开对前人相关研究文献的梳理、总结和归纳。科学研究的第一步就是要收集、整理、阅读并记录与本书研究领域相关的重要文献、资料和信息，为后续的深入研究打好理论基础。在此基础上，整体的逻辑思路和研究框架就可以呈现出来，以便更好地把握研究方向和提高研究效率。

（2）规范分析法。规范分析是以一定的价值导向为基础，对人类社会中不同的经济问题进行分析并提出解决方案。规范分析的目的是要回答世界应该是什么样的。本书对规范分析方法的运用主要体现在创新型人力资本等相关概念的界定、创新型人力资本的测量及创新型人力资本对绿色增长的作用机制等方面。

（3）统计分析法。本书首先构建测算公式对全国和区域两个层面的创新型人力资本的数量和质量进行了测算，并且分别对全国及东部、中部、西部三大区域创新型人力资本的数量和质量的总体状况、增长速度及不同层次的创新型人力资本进行了分析和比较；其次运用 Dagum 基尼系数分别对我国创新型人力资本的数量和质量的区域差异进行了分析，判断各个区域的组内差异、组间差异；最后采用核密度估计分布研判全国和三大区域的创新型人力资本数量和质量的动态演进趋势。

（4）空间计量分析法。传统计量经济学没有考虑研究对象在空间上的关联。这种做法往往与实际情况不符，所以常常导致实证检验结论的偏误。空间计量经济学引入了空间效应，弥补了该缺陷。由于本书的研究问题必须考虑空间效应，因此笔者在进行实证分析时使用了空间计量的分析方法。在实证检验创新型人力资本对全国和三大区域绿色增长、绿色增长效率及绿色增长收敛的影响时，笔者主要使用了包括全局和局部的 Moran'I 指数空间自相关分析、空间杜宾模型和空间收敛模型等。

1.5 研究思路与创新之处

1.5.1 研究思路

本书按照"提出问题—分析问题—解决问题"的逻辑主线来构建研究思路（见图1.2）。在图1.2中，左侧最上方是研究思路，具体包括问题提出、理论分

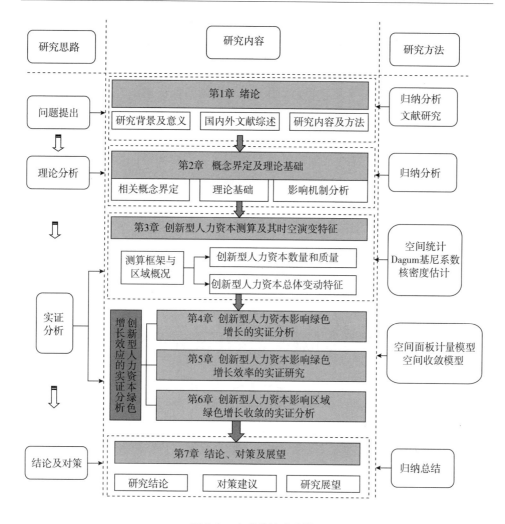

图 1.2　本书的技术路线

析、实证分析和结论及对策四个步骤，其中，问题提出采用文献研究的方法，对本书的研究背景、研究意义、研究现状和实证方法等进行了全面且细致的梳理及总结，找到并提出要研究的问题即"我国创新型人力资本对绿色增长的效应是怎么样的"。理论分析对本书研究的概念进行了界定及说明，并且在梳理现有理论基础的同时，进一步厘清了我国创新型人力资本绿色增长效应的路径机制。实证分析分为两个部分的内容：一是创新型人力资本测算及其时空演变特征，该部分为后续实证研究提供了数据基础，在这个步骤中，笔者运用构建的"二维"计算方法对我国及东部、中部、西部三大区域的创新型人力资本的数量和质量进行了测算，并且使用 Dagum 基尼系数和核密度估计方法对我国创新型人力资本的区域差异与分布动态进行了可视化分析；二是创新型人力资本绿色增长效应的实证分析，笔者采用前两个步骤中获得的定量和定性数据，构建面板空间计量模型和空间收敛模型，实证分析了我国创新型人力资本对绿色增长、绿色增长率及绿色增长收敛三个方面的效应。研究思路中的结论及对策对应的是逻辑主线中的"解决问题"，在这个步骤中，笔者根据上一个步骤得到的实证检验结果，从全国及区域两个层面对如何提高我国创新型人力资本对绿色增长的积极效应、如何通过创新型人力资本为我国高质量发展保驾护航提出有针对性的对策和建议。

1.5.2 创新之处

本书的创新之处主要体现在以下三个方面：

一是研究概念及其测度方法的创新。首先，在总结国内外学者测度人力资本或创新型人力资本方法的基础上，梳理和界定了创新型人力资本的基本属性和内涵，分别设定了创新型人力资本的数量和质量的测算方法；其次，进一步利用该方法对全国层面和区域层面的创新型人力资本的数量和质量进行了测度，弥补了现有研究对创新型人力资本质量方面测量的不足；再次，分析了样本期内全国层面创新型人力资本的数量和质量的增长趋势和年均增速，论述了不同层次的创新型人力资本数量的构成比例、增长趋势并比较了它们之间的增速情况；最后，运用 Dagum 基尼系数、核密度分析方法对全国和区域层面的创新型人力资本的数量和质量的区域差异及动态演进特征进行了分析。

二是研究视角的创新。已有关于创新型人力资本和绿色增长的研究多从数量视角出发，忽略了创新型人力资本质量的作用。就我国而言，人力资本在空间分布上的差异尤为明显，创新型人力资本数量和质量的区域间、区域内差异显著，仅从数量视角开展相关研究显然已不能满足我国经济绿色转型和经济高质量发展的内在需求，在人口老龄化程度不断加深、"人口红利"逐渐消失的背景下更不利于政策的精准制定和实施。本书关于创新型人力资本影响绿色增长和绿色增长效率的研究，从"数量"和"质量"双重视角出发，具有一定的研究视角创新性。

三是研究内容的创新。本书不仅对我国创新型人力资本的"数量"和"质量"的分布和演进特征进行了研究，而且实证分析了创新型人力资本对绿色增长的效用。具体来说：第一，从创新型人力资本数量和质量两个维度测算和分析了全国和区域层面的分布差异及演进特征，运用 Dagum 基尼系数分解法对全国和区域层面的创新型人力资本的数量和质量的差异进行了分析，具体论述了全国层面创新型人力资本的数量和质量的总体差异，阐明了区域层面创新型人力资本的数量和质量的组内差异和组间差异，并讨论了区域差异的来源。第二，采用核密度估计方法分析了全国层面和三大区域创新型人力资本的数量和质量的分布动态演进，根据核密度分布图分别讨论了全国层面和区域层面的动态演进特征。第三，在我国经济发展绿色转型和创新驱动的背景下，一方面以内生增长理论和空间相互作用理论为基础，梳理分析了创新型人力资本影响区域绿色增长及绿色增长效率的内在机制，以此为依据设计面板空间计量模型和包含交互项的面板空间计量模型对创新型人力资本影响我国区域绿色增长及绿色增长效率的内在机制进行了检验，其中创新型人力资本对我国区域绿色增长及绿色增长效率影响方面的实证研究进一步拓展了现有关于人力资本与经济增长实证研究的广度和深度；另一方面考虑区域间创新型人力资本数量和质量的差异及作用于绿色增长的边际作用差异，设计构建了创新型人力资本影响区域绿色增长收敛的条件 β 收敛模型，分别检验了创新型人力资本对绿色增长条件 β 收敛和俱乐部收敛的影响，该内容与创新型人力资本影响区域绿色增长及绿色增长效率的研究共同形成了本书创新型人力资本绿色增长效应实证分析的框架体系。创新型人力资本影响我国区域绿色增长收敛性的研究在一定程度上使人力资本与增长收敛方面的研究更加丰富和深化。

2 概念界定及理论基础

系统的科学研究必须有坚实的理论基础作为支撑，因此对本书相关概念和理论进行梳理、辨析及总结是非常必要的环节。首先，笔者根据研究的问题和内容对创新型人力资本进行概述，具体包括分析内涵、界定创新型人力资本的概念、讨论外延、探索培育及测量方法；其次，笔者对研究中所要运用的相关理论包括人力资本理论、内生增长理论、绿色发展理论及经济增长收敛进行了简要概述；最后，笔者对本书涉及的概念和理论进行了总结。

2.1 相关概念界定

创新型人力资本的概念发端于人力资本理论。20 世纪 60 年代初，舒尔茨在美国经济学会年会上发表了关于"人力资本投资"的演讲，开创了人力资本理论。他以"二战"战败国德国和日本经济迅速复苏为例，论证了人力资本是推动经济增长的主要因素。自此以后，很多国外学者对人力资本开展了大量研究，虽然没有明确提出过创新型人力资本的概念，但对教育水平、知识积累及生产技能等涉及人力资本创新能力的问题进行过深入的探讨。国内学者对创新型人力资本的研究应该说是始于对人力资本异质性的思考。研究涉及的内容相对国外学者来说也丰富许多，概括起来主要包括创新型人力资本的内涵、外延、形成及测度四个方面。具体如下：

2.1.1 创新型人力资本的概念

Nelson 和 Phelps（1966）在"追赶模型"中讨论了受教育程度不同的劳动力

对技术创新的影响，他们认为一个管理者受教育的程度越高，他引入一种新生产技术的速度就越快，受过教育的人更容易成为好的创新者。Lucas（1988）在理论研究中从性质上对人力资本进行了一定程度的区分，将其划分为拥有社会一般知识的普通人力资本和特殊劳动技能的专业化人力资本，并且认为后者才是实现经济持续增长的引擎。Romer（1986）提出了内生经济增长模型，将技术作为内生变量引入其中，并提出了增长的四要素理论，除了传统的资本和非技能劳动外，还新增了人力资本和新思想。本质上，人力资本和新思想这两种要素的组合可以理解为创新型人力资本。

周坤（1997）把劳动者个体的人力资本区分为初级和高级两个层次，认为初级人力资本是个人的体能、认知水平、工作经验和技术能力等，而高级人力资本则是个人的才智，其创造的价值更大。丁栋虹和刘志彪（1999）进一步深化了这方面的认识，根据边际收益的属性将人力资本区分为同质性的和异质性的，并指出在某个特殊时期，边际收益递增的是异质性人力资本，反之为同质性人力资本。异质性人力资本能促使边际报酬递增的主要原因是蕴含其中的有特色甚至稀缺的知识和技能，能使其拥有者获得高收益。姚树荣（2001a）则首次明确提出了创新型人力资本的概念，认为该类别的人力资本拥有十分罕见的创新能力，可以找出市场的不均衡，并帮助市场恢复均衡状态。这类人的创新行动常常会打破原有技术或制度的"瓶颈"约束，使组织的生产可能性界限向外移动。创新型人力资本是区别于不包含知识和技能的劳动型人力资本并能够基于知识和信息进行创新（李红霞和席酉民，2002）。

综合上述学者的讨论，本书总结出创新型人力资本内涵主要包括以下四个方面的本质属性：①受教育水平较高。创新型人力资本往往具有较高的受教育水平，以便不断探寻新的知识并进行创新活动。②前沿的知识和技能。创新型人力资本总能在某个专业领域拥有非常前沿和领先的知识和技能。③高创新活力和创新效率。由于创新型人力资本始终能够拥有前沿的知识和技能，因此能够长期活跃在创新一线，不断进行创新活动，创新效率较高。④持续递增的边际产出。因为创新型人力资本能够不断在产品、技术、市场、资源配置及组织五个领域取得成果，所以由此形成的边际收益可以持续地实现递增。根据以上四个方面的本质属性，本书将创新型人力资本的概念定义为：一种在某个专业领域内拥有较高的受教育水平，始终掌握前沿的知识和技能，具有较高创新活力和创新效率，能够不断进行创新活动并取得创新产出，使边际收益能够持续递增的异质性人力资本。

创新型人力资本不仅内涵深厚，而且外延丰富。国内学者对创新型人力资本的外延进行了大量的分析和研究，从多个视角将其划分为不同的类型。

在此之前，有国内学者提出了企业家人力资本这种类型（李忠民，1999），而丁栋虹（2001b）也认为企业家属于异质型人力资本的范畴，这些分类实际上都与姚树荣（2001a）提出的战略创新型人力资本非常相似。刘金涛和刘文（2014）依据受教育年限细分出的高级人力资本均可认为是创新型人力资本的外延。更为重要的是，国内学者对创新型人力资本进行分类的认知角度主要集中在组织分工、创新过程及知识积累等方面。尽管不同学者提出的创新型人力资本的具体分类有所差异，但都从不同侧面反映了这种人力资本的丰富内涵。

2.1.2 绿色增长的概念

2005 年 3 月，联合国亚太经社会第五届环境与发展部长级会议中提出了绿色增长的概念。参会的国家与地区和相关机构同意将"绿色增长"作为实现可持续发展的具体路径，并发表了环境与发展部长声明，建立了绿色增长首尔行动计划网。此次会议把绿色增长定义为："寻求经济增长与环境可持续性的协调，同时提高经济增长的生态效率，增强环境与经济的协同效应。"2008 年以后，绿色增长的概念在国际政策话语中的影响力日益增加（Schmalensee，2012）。2011年，亚太经合组织专门就绿色增长为政策制定者们做了一个总结，指出绿色增长是一种既能推动经济发展又能保证自然资产继续为人类提供可以生存的资源及环境的增长方式（OECD，2011）。2012 年，世界银行也对绿色增长进行了定义："绿色增长能够有效地利用自然资源，它的清洁性体现在可以最大限度地降低污染和环境影响，它的弹性体现在考虑了环境管理和自然资本在预防自然灾害方面的作用。"

除了联合国、亚太经合组织及世界银行等组织对绿色增长进行过界定外，国内外一些学者也阐述过绿色增长的定义和内涵。Hallegatte 等（2011）认为绿色增长可以在不减缓经济增速的情况下使整个增长过程更加清洁、高效并富有弹性。Meyer 等（2012）的观点更加激进，他认为绿色增长本质上是一种环境保护政策，经济增长与资源消耗的完全脱钩是根本目的。Reily 和 John（2012）则指出绿色增长的含义是宽泛的，并不只是考虑经济和环境二者之间的平衡，还应该包括社会层面即在促进经济增长和降低环境影响的过程中，不断增加就业机会。关于绿色增长的含义，除了上述几位国外学者提出的比较有代表性的观点外，有些国内学者也提出了他们自己的见解。孙耀武（2007）认为绿色增长是一种与以往不同的经济发展方式，先决条件是节约资源，并依靠科技进步的支持，将排放到环境中的污染物降低至不破坏环境自身功能的最大化经济增长。赵小雨（2019）给出绿色增长的概念是："在不损害自然容量和环境载荷的前提下，实现经济总量的稳步提升。"韩晶等（2013）指出绿色增长的关键是改善资源环境绩效，促使产业发展向集约、低碳、绿色的可持续增长模式转型。武春友等（2017）的认识最为综合，强调绿色增长是一种涉及经济、资源、环境、政策、文化、人口等方面的复杂活动，是一个典型的复合系统。而张旭和李伦（2016）给出了比较全面和具体的概念："绿色增长的要义在于凭借技术创新与制度设计促进生产和消费模式变革，将资源耗费和环境成本降到最低，在资源、环境和社会三个层面均实现最大化的增长与发展效益。"

从以上学者对绿色增长的概念及内涵的分析能够发现，绿色增长可以有狭义和广义两种认识和理解。狭义的绿色增长主要关注经济与环境二者之间的平衡，其目标是以人类活动对环境负面影响最小化为约束条件的经济效益最大化，忽视了就业机会、消费习惯及生活方式等社会层面的转变。联合国、经合组织、世界银行、Hallegatte 等（2011）、孙耀武（2007）、赵小雨（2019）及韩晶等（2013）等组织和学者对绿色增长的定义就偏向于狭义解释。广义的绿色增长则全面关注了经济、环境、社会三者之间的联系，其目标是依靠理念导向、环境规制及技术进步尽可能地实现在经济效益、环境效益与社会效益之间的最佳平衡。Reily 和 John（2012）、武春友等（2017）、张旭和李伦（2016）等学者对绿色增长的定义偏向于广义解释。综合上述阐述，本书将绿色增长定义为：通过技术进步不断提高利用自然资源的合理性，在有效保护生态环境的前提下，实现经济和社会等多个方面的最大收益。

2.1.3 绿色增长效率的概念

仅仅认识到绿色增长是什么，对人类社会踏上绿色发展之路，实现可持续发展的目标是远远不够的。如何做到绿色增长？或者更进一步地设问，如何做到有效的绿色增长？绿色增长的核心是绿色增长效率（黄小敬等，2021）。要将绿色发展的目标转化为现实中可操作的具体措施，就必须深入理解绿色增长效率这个重要的概念。

要准确地认识和理解绿色增长效率，首先必须深刻把握效率的内涵。历史上声名显赫的意大利经济学家维弗雷多·帕累托为人类认识效率的内涵做出了重要的理论贡献，这就是他提出的"帕累托效率"或"帕累托最优"。尽管当初他的出发点是研究如何有效地配置资源来实现公平的分配，但他的思想有助于我们准确理解效率的本质。历史上另一位为认识效率而做了大量研究工作的学者是美国管理学家——"科学管理之父"弗雷德里克·温斯洛·泰勒。他进行了铁锹铲煤、搬运铁块及切割金属的三大实验，发明并建立了标准化的生产工具及工作方法，做到了在不增加工人工作时长的前提下，数十倍地提高他们的劳动效率。因此，从经济与管理的专业角度来说，效率实质上揭示了投入与产出之间的比例关系，即用一定数量的要素投入去获得尽可能大的产出，抑或是在产出数量固定的情况下将生产要素的投入降到最低。

不过，传统的效率观念着重强调的是经济效率或是生产效率，鲜有涉及生态环境和社会效益等方面的问题，故而是片面的、狭隘的。从客观上讲，这种局限性是由投入要素的物理特性及其配套的生产技术所造成的。自工业革命以来，人类社会在发展过程中投入的能源要素大部分是石油、煤炭与天然气等不可再生的化石能源。在最初使用这些能源时，人们沉浸在收获大量合意产出的喜悦中，对伴随而来的不合意产出并没有给予足够的重视。随着时间的推移，燃烧化石能源产生的 CO_2、SO_2 及粉尘等污染物对自然环境造成的破坏日益严峻，并直接威胁到人类自身的生存。这迫使人们开始反思效率的本质并逐渐意识到效率并非只有经济层面一个维度，还应该包括环境与社会两个维度。而绿色增长的概念完美地兼容了经济、环境与社会三个方面，它作为追求效率的前提条件正好反映了这个时代的需求。因此，绿色增长效率是以绿色发展为基础的，其目的是系统且详细地考察和分析环境、经济及社会三个方面综合增长的具体状态。综上所述，本书将绿色增长效率定义为：在同时考虑经济、环境及社会三个方面影响的约束条件下，在生产过程中，尽可能地减少化石能源并增加清洁能源及与之配套的环保技术及技能型劳动力的投入，并用最少的资源消耗去获得最大的合意产出和最小的非合意产出。

2.2　理论基础

本书研究的重点是在明晰我国创新型人力资本的发展现状及其时空分布特征的基础上，进一步厘清创新型人力资本对绿色增长及其效率影响的理论机制，并进行实证检验。本书研究主要涉及的理论包括人力资本理论、内生增长理论、绿色发展理论和经济增长收敛理论。

2.2.1 人力资本理论的形成与发展

人力资本理论对本书创新型人力资本概念的明晰具有重要的指导意义，是后续研究中进一步明晰创新型人力资本对绿色增长及绿色增长效率影响的内在机制的关键点和出发点。

2.2.1.1 人力资本的思想起源

虽说人力资本理论是由舒尔茨在 20 世纪 60 年代初期创立的，但人力资本的思想起源却可以追溯到现代经济学的起始阶段——古典经济学时期，并在之后的新古典经济学时期不断孕育和发展。由于受到时代条件的限制，两个时期的一些非常著名的经济学家都未能把有关人力资本的思想转变为系统性的人力资本理论。

在古典经济学时期，古典政治经济学之父威廉·配第有句广为流传的名言："土地是财富之母，劳动是财富之父。"这句名言中提到的劳动本质上是可以从事生产的人口，反映了他的人口价值思想。实际上，威廉·配第把人看作资产并测算过人的价值。他在著作《赋税论》中曾以英格兰为例去核算每个国民的价值：假设英国所有总人口为 600 万，每人花费为 7 镑，总计为 4200 万镑，并且假设土地的租金为 800 万镑，所有动产每年的所得为 800 万镑以上。这样的话，剩下的 2600 万镑得通过人们的工作得来。设定人的工作年限为 20 年，则把 2600 万镑与 20 相乘，钱数变为 5 亿 2000 万镑。这笔金额就相当于所有人群的价值。把人群的总价值与总人口数 600 万相除，所得结果是 80 多镑，此金额代表了一个人的价值，其中包括了男性、女性及儿童。同时，他还认为不同劳动的价值是有差别的，这是由于劳动技能不同而造成的。劳动者通过教育和训练后可以掌握不同的劳动技能，创造的价值也比没有劳动技能的人要大。威廉·配第用耕作者与海员举例说明了这一点：一个耕作者每个星期的劳动收获大约是 4 先令，但一个海员每周的报酬能够有 12 先令之多，因此一个海员事实上相当于三个农民（王亚南，1979）。

"现代经济学之父"亚当·斯密继承并发扬了威廉·配第的人口价值思想，率先阐述了很多涉及人力资本内涵的重要论断。亚当·斯密在其巨著《国富论》中将资本归类成固定资本和流动资本。他认为固定资本除了包括土地、建筑物和机器外，还包括"社会上一切人民学到的有用才能"。斯密指出："学习一项技能，要接受教育，要上学校，要当学徒，成本较高。如此付出的资本，仿佛业已获得并附着在学习者的身体里。所获技能，很自然地成为学习者个人的一部分财产，同时也是当时社会的一部分财产……求学期间，当然要支付一笔费用，但这笔费用，能够获得偿还，赚得收益。"斯密的这一论述表明了他已经认识到人与人之间的先天才能的差异是很小的，劳动者在不同职业中表现出的技能差异都是由后天的训练和教育导致的，这本质上是一种人力资本投资思想。因此，"人力资本理论之父"舒尔茨这样评价他："亚当·斯密创造性地将全部国民的后天所得和有价值的才能看作资本的构成部分，是为数不多的把人视为资本的理论大师之一。"

在亚当·斯密之后，法国著名经济学家萨伊是另一位在其学术观点中大量涉及人力资本概念及投资问题的重要代表。他在自己的代表作《政治经济学概论》中论述道："人并非一出生就立刻拥有足够的身高和力气来做哪怕是最容易的劳动。等到一个人长到 15 岁或 20 岁的时候便可具备干活的能力，故而允许将他当作一项资本，该项资本是由每年拿来培训他的费用积累而成。"萨伊跟亚当·斯密一样，都认为劳动技能是通过后天的学习获得的。他认为："若任何职业（无论该职业是高级的还是低级的）所要求的技能，只有凭借长期且成本高昂的培训才可获取的时候，这种培训每年必将付出相当的费用，而这笔款项的总额形成累计资本。"萨伊的这一观点从本质上指出了任何行业都需要人力资本投资，他对资本与劳动力之间的内在联系有着更为清晰的理解。

到了新古典经济学时代，也有一批著名的经济学家在论述中广泛涉及人力资本的范畴，体现了他们的人力资本思想。

洛桑学派的代表人物、边际效用理论创始人之一的瓦尔拉斯为后来人力资本理论的创建做出了较大贡献。他在自己的著作中多次明确提出了人力资本的概念，并指出社会财富包括资本和收入两种类型，资本是收入产生的来源，而收入又以直接或间接的方式构成了资本。由收入构成的资本又包括几个不同的部分：土地资本、人力资本和狭义资本（物质资本）。瓦尔拉斯还反驳了萨伊三种生产要素的划分方法，指出："劳动是由人类通过自身能力提供的服务，所以不能把劳动看作与土地和资本同等的要素。准确的认知应该是把资本自身包含的三种因素并列：第一种是土地资本，它是土地服务和地租收入的载体；第二种是人力资本，它是劳动服务和工资收入的来源；第三种是狭义资本，它能够提供资本服务或带来利润。"他的这番论述说明了人力资本和劳动的区别，认为人力资本属于生产资源，而劳动则是这种资源提供的服务。实际上，瓦尔拉斯极大地拓宽了资本的概念，并将其与人力因素充分联系起来。不过，瓦尔拉斯的人力资本思想是有明显缺陷的，就是他把人力资本和人口等同起来，认为人力资本是自然决定的，不受后天影响。

　　新古典经济学派的创始人马歇尔进一步深化了人的能力是一种资本的认识，他认为威廉·配第的人口价值理论极其精辟，并从亚当·斯密那里汲取了人力资本的思想，充分意识到人力资本投资的重要性，他在分析决定劳动和工资的关键因素时，就认为劳动者提升技能、强化本领的过程就是人力投资。马歇尔对人力投资过程有着深刻的理解，他指出：这个投资过程刚开始是由父母来主导的，到达成人年纪之后则主要受到他的工作性质和周围同事的影响。不管谁用自己的资本来提升劳动者的能耐，这种能耐最终都属于劳动者本身的资产，能够优化劳动者的产出率，故而，"一切资本中最有价值的莫过于投在人身上的资本"。同时，马歇尔特别重视教育在人力资本投资中的作用。他主张把国家作为教育投资的主体，这种投资可以带来巨大收益。他阐述道："教育作为一种投资手段，能够让很多人获得更多的机会……凭借这条途径，很多以前默默无闻的人们就可拥有激发自身潜能所需要的开端。并且，一个伟大工业奇才创造的经济价值，完全可以补偿整个城市的教育成本。"尽管马歇尔对人力资本及其投资的认识超越了前面所提的经济学家，但他对人力资本的理解是自相矛盾的，因为他认为把人当作像土地、机器等要素一样的"资本"是不符合市场的现实情况的，所以，他对"财富"和"资本"的定义没有包含人力资本。

　　耶鲁大学首位经济学博士、美国著名经济学家欧文·费雪对现代人力资本理论也做出过重要的贡献。他在 1906 年出版的著作《资本和收入的性质》中对"总括性资本"进行了定义，并基于此论述了他的人力资本思想。欧文·费雪对资本的认识也是建立在"二分法"之上的，他对资本和收入的界定是从某个时刻和一段时间两个方面展开的。资本对应的是某一时刻的财富积累，而财富积累则会在一段时间内导致服务流量的形成，这个流量就是收入。于是，所有可形成服务流量的财富积累均表现为资本形态。土地由于能够产生地租被视作资本，劳动力由于通过劳动服务获得工资也被看作资本即人力资本。另外，欧文·费雪对资本和收入各自的价值关系的看法也很有见地。根据瓦尔拉斯等提出的边际效用理论，费雪认为收入是资本价值的决定因素，因为劳动者可以先对未来能够获得的收入进行自我估计，之后就可以将该收入贴现进而得到资本的价值。由此一来，像地租、利润及工资等任何形式的收入都可看作利息，再经过资本化后就形成了资本存量。费雪基于这个方法把萨伊的生产三要素和马歇尔的生产四要素全部统一为一元的资本要素论。他的"二分法"将人力纳入资本的范畴，并试图用工资收入的资本化来核算人力资本的价值，通过一个缜密、规范的资本和利息的理论框架来讨论人力资本及其价值估算。总之，虽然费雪与瓦尔拉斯一样，没有形成对人力资本投资更深层次的认识，但对后来现代人力资本理论的形成做出了不小的贡献。

2.2.1.2 人力资本理论的创立与发展

严谨、系统的现代人力资本理论的创立要归功于舒尔茨和贝克尔两位著名的美国经济学家。他们也因为对人力资本理论做出杰出贡献而先后获得 1979 年和 1992 年的诺贝尔经济学奖。

1960 年，舒尔茨在出任美国经济学会会长一职时发表了题为《人力资本投资》的演讲，抨击了古典和新古典时期的资本观点，首次给出了人力资本的概念，阐述了人力资本投资的内容及对经济长期增长的作用，并破解了困扰当时整个经济学界的"经济增长之谜"——"余值增长率"，进而轰动了整个学术圈。第二次世界大战以后的统计数据表明，一些国家的国民收入增长率一直比物质资本投入增长率要快，两个比率之间的差值就是"余值增长率"。问题的关键是这个"余值增长率"到底是怎么来的？因为，从数量角度分析，在不考虑损耗的情况下，收入增长应该与投入增长保持相同比例，如果再考虑边际报酬递减的因素，收入增长应该不低于投入增长才对。另外，像德国和日本这些物质资本在第二次世界大战期间受到严重破坏的国家也奇迹般地迅速恢复了。他强调，一系列现象说明我们之前在研究经济增长问题时肯定漏掉了某个不可或缺的生产要素。这个要素正是人力资本。舒尔茨对人力资本的定义是："人力资本存在于人的身上，表现为知识、技能、体力（健康状况）价值的总和"。他认为对人力进行投资可以形成人力资本，人力资本投资的具体途径有五种：①到学校接受教育付出的费用；②用于维持健康的医疗保健费用；③人员在职培训的费用；④成人教育的费用；⑤为了获得工作进行迁移的费用。舒尔茨指出一国经济的增长主要源自人力资本投资，最重要的生产资源是有知识和懂技术的人力资源，他强调学校教育是人力投资最为重要的方式。他还使用收益法对 1927～1959 年教育投资给美国经济增长带来的贡献进行了量化分析，发现这一时期，物质资本的贡献为 15%，而教育投资的贡献则高达 33%。总结来看，舒尔茨对人力资本理论所做的主要贡献是明确了人力资本的概念，建立了系统的人力资本理论，并使其冲破传统伦理道德的束缚，成为经济学的一个新门类。当然，舒尔茨的研究也存在明显的局限，主要表现在他只关注了宏观层面而忽视了微观问题，对人力资本形成途径缺乏具体化、数量化的深入研究，缺少微观数据的支持，也没有构建一个人力资本的一般模型。

贝克尔作为在人力资本理论领域与舒尔茨齐名的经济学家，其所做的工作恰好与舒尔茨形成互补。舒尔茨的人力资本理论偏重宏观，而贝克尔的理论则偏重微观。1964 年，贝克尔出版了一部极有影响力的著作《人力资本》，被称为"经济思想中人力资本投资革命的起点"。在该书中，他对人力资本的概念、形成、投资与收益等问题进行了全面而系统的阐述。贝克尔将人力资本定义为："不仅意味着才干、知识和技能，而且意味着时间、健康和寿命。"他对人力资本的特性有深刻的见解，认为人力资本是一种人格化的资本，必须依附于人的本身而存在，外化为人的素质和能力，因此，人力资本的产出效率取决于人在工作时的付出程度，这是与物质资本最大的不同点。人力资本的价值问题一直都是研究的热点。贝克尔认为人力资本的价值应该由形成人力资本的各项支出和"放弃收入"两大部分构成。所谓"放弃收入"就是指为了进行人力资本投资而产生的机会成本。为了研究人力资本的投资与收益问题，贝克尔用微观均衡分析方法构建起"人力资本投资均衡模型"，证明了人在生命周期某个阶段的人力资本投资均衡条件是，"人力资本投资的边际成本的当前价值等于未来收益的当前价值"，并由此分析了年龄-工资收入曲线，指出从个人经济利益角度出发，一个人在青年时增加人力资本投资是最有效益的。在人力资本投资的多种方式中，贝克尔着重分析了在岗培训，将其分为"通用培训"和"专业培训"两种基本类型。总而言之，贝克尔的研究推动并加快了人力资本理论的发展，但也存在一些不足，如没有对在职培训与个人收入的关系进行深入的研究等。

雅各布·明赛尔作为对人力资本理论有着重要影响的另一位经济学家，正好对在职培训与个人收入的问题进行了深入研究。他于 1957 年在哥伦比亚大学完成的博士论文《人力资本投资与个人收入分配》中首次使用人力资本投资的方法研究了个人收入分配问题。在随后发表的论文《在职培训：成本、收益与某些含义》中，明赛尔又研究了美国在职培训总量与劳动者个人收益差别的关系。他发现导致劳动者个人收入存在差别的根本原因是每个人的人力资本是不同的。明赛尔为人力资本理论做出的贡献可以归纳为四点：①他以斯密的"职业风险补偿理论"为基础，构建了人力投资收益率模型，用参加培训或受教育年限代表人力资本投资量，把个人收入分配问题纳入人力资本理论体系中；②提出了人力资本的收入函数（Earning Function），这是一个多元函数，将人力投资分为学校教育和离开学校后两种情况，对教育投资回报、在职培训收益及净投资期等进行估计，为系统深入地研究人力投资和收入分配的关系提供了理论和经验参考；③提出"赶超期"概念（Overtaking）用于分析在职培训对个人终生收入的影响；④用人力资本理论研究劳动市场与家庭决策，具体包括已婚妇女的劳动供给、女性相对男性收入偏低等问题，提出了一些新颖的观点。

在不同时期多位经济学家的持续努力下，人力资本理论从萌芽、形成到不断发展。人力资本理论发展的成果之一就是孕育了内生增长理论。保罗·罗默和罗伯特·卢卡斯两位内生经济增长理论大师在增长模型中加入了人力资本作为独立的生产要素，系统深入地考察了人力资本对经济增长的作用，进而从理论意义上正式确立了人力资本对实现长期经济增长的核心地位。目前，人类已进入知识经济时代，第四次工业革命的大幕已经开启，科学技术更新迭代的速度不断加快。人力资本理论的发展必然受到这个时代的深刻影响。面对汹涌如潮的新技术革命，人力资本的内涵与核算、投资与积累及其与收入分配的关系和对经济增长的作用等领域都将会发生一些新的变化，涌现出更多、更新的理论观点和经验证据。

2.2.2　内生增长理论

内生增长理论是以人力资本为基础的（陶军锋，2002）。内生增长理论着重探讨了内生技术进步对经济增长的影响。本书研究创新型人力资本对绿色增长及其效率的影响，内生的技术进步是研究须考虑的重要内容之一，并且，绿色增长是一种考虑资源和环境约束的特殊经济增长形式，经济增长仍然是其追求的重要目标。因此，内生增长理论对本书厘清创新型人力资本影响绿色增长及其效率的内在机制具有重要的指导和借鉴意义。

2.2.2.1　内生增长理论的开端与发展

内生增长理论又称为新经济理论，发端于对新古典经济增长理论局限性的思考。1956年，美国经济学家索洛（Solow）提出了著名的"索洛增长模型"，将对现代经济增长的研究带到理论舞台的中央。此后，发展经济学出现了大约20年的理论繁荣。但是，到了20世纪60年代末期，其热度却逐渐消散。索洛对此曾悲叹道："增长理论正在走下经济学的舞台……对于积极进取的理论家们来说是一个无鱼可捕的池塘。"（Solow，1982）造成这一局面最重要的原因应该说是索洛模型的"当生产要素边际报酬出现递减时长期经济增长将停止"这一令人失望的中心结论。正当无数发展经济学家为此感到困惑和迷茫时，保罗·罗默用一个非常大胆的理论主张打破了这个僵局。他于1986年发表了一篇题为《递增报酬和长期增长》的具有开创性的经济学论文（Romer，1986）。1988 年，罗默的博士生导师罗伯特·卢卡斯也发表了自己的代表性论文《论经济发展机制》（Lucas，1990）。这两篇论文的问世标志着内生增长理论新时代的开启，再一次掀起了经济增长研究的高潮，并使经济增长理论研究及经验研究的影响力都得到了极大提升，正如萨拉·伊·马丁指出的"现代的本科生教材花费 1/3 的篇幅来讨论增长的内容，而大多数的宏观经济学课堂上（无论是本科生还是研究生）也花费大量的时间来讨论这一主题"（Sala-I-Martin，2002）。

内生经济增长理论自 20 世纪 80 年代后期形成以来，经历了近 40 年的发展。这段发展期按照学者们的研究主线大致可以划分为以下三个时间段：

（1）20 世纪 80 年代后期。这段时期的代表人物主要是罗默和卢卡斯。他们主要是在完全市场竞争的研究假设下来讨论和分析经济的长期增长。

（2）20 世纪 90 年代。虽然罗默和卢卡斯的研究具有开创性，但他们关于市场是完全竞争的研究假设存在明显的缺陷。完全竞争的假设包括买卖双方、产品质地、行业壁垒及决策信息四个方面的条件，限制非常严格。这些条件组合很难出现在经济实践中，使该研究假设下的模型脱离实际，对现实市场的情况难以给出合理的解释，特别是在处理技术产品的非竞争性和部分排他性时，甚至会出现逻辑矛盾。于是，这一时期，增长经济学家们用垄断市场竞争的假设取代了完全市场竞争的假设来研究长期增长问题，由此，内生经济增长理论步入了一个新的阶段。

（3）21 世纪初至今。进入 21 世纪之后，内生经济增长理论也出现了一些新进展。概括而言，这些进展表现为由质疑推动的完善和经探索引发的创新。从理论完善方面看，后来的学者主要的工作之一是对"规模效应悖论"的修正。"规模效应悖论"起源于 1995 年有名的"琼斯批判"及部分学者对内生经济增长理论中"规模效应"的质疑，他们认为所谓的"规模效应"并没有得到事实的检验并证明。Segerstrom（1998）指出，"规模效应"没有形成的原因主要在于国际间技术扩散的不菲成本，并且增加的研发人员多数并不从事研发，而是推动技术扩散。Peretto 和 Smith（2001）构建了一个非竞争性的知识驱动增长模型，规模效应在这个模型里是逐渐递减的。Jones 及其他质疑熊彼特主义内生增长理论关于规模效应论断的学者们被认为是"半内生增长理论"代表者。从经探索引发的创新方面看，该时期的学者们主要在以下几个方面进行了开拓：①对均衡的不确定性、多重均衡及混沌路径进行了一系列深入分析（Origueira，2000；Mino，2001；Boldrin et al.，2001）。②半内生增长理论与熊彼特主义之争。双方争论的焦点为对研发投入与全要素生产率之间关系的认识和理解。③自然资源特别是不可再生资源对内生增长影响的研究。环顾全球，无论是发达经济体抑或是发展中经济体，在其追求增长的过程中都无法摆脱自然资源短缺和环境压力的限制。因此，一些学者在研究内生经济增长问题时加入了资源及环境相关的约束条件来进行讨论（Groth and Schou，2002，2007；Bretschger，2015）。

总而言之，自20世纪80年代中期以来，内生增长理论一直保持着比较快速的发展。从今后的发展趋势看，内生增长理论可能朝这两个方向行进：第一个方向是朝着非线性化迈进。学者们将通过构建非线性模型，以更为精致和复杂的数学模型来模拟现实世界的经济状态。第二个方向是在实证分析方面继续检验一些有待解答的疑问，通过添加更多变量，对变量和数据进行调整和优化，将定性因素定量化，从而提高经济计量分析的准确性。

2.2.2.2 知识溢出模型和人力资本溢出模型概述

内生增长理论模型可以说是为了弥补索洛模型因人口增长率、储蓄率和技术进步率三个变量外生化所产生的理论缺陷而进行的优化和发展，其中，技术进步率是最为关键的一个变量，因为索洛模型认为经济长久增长的唯一动力来自外生的技术进步。这一观点受到了一些增长理论学家的强烈质疑并投入大量研究工作进行完善。这些研究者的工作基本上可以划分为两个类别：收益非递减型和技术进步内生型。收益非递减型又可以进一步分为外部经济型的增长模型和人力资本型的增长模型。在外部经济型的分支中，Arrow于1962年提出的"干中学"模型最有代表性。Arrow认为企业在连续的生产过程和不断地追加投资中会得到一种副产品：生产率提高或技术进步。同时，由于经济的外部性，别的厂商也可以通过学习扩散出来的知识来提高自身的产出率，因此，Arrow认为技术进步是由经济系统决定的内生变量。遗憾的是，"干中学"模型中的技术进步效率终归由外生的人口增长率决定，因此又回到了新古典的框架内，所以它并不是真正意义上的内生增长模型。而在人力资本型的分支中，Uzawa（1965）提出的两部门经济增长模型最有影响力。Uzawa超越了过去单部门经济增长模型的范式，构建了一个负责物质生产和一个负责人力资本生产的两部门经济增长模型。他的基本观点是当社会资源投入到两个生产部门后，物质生产部门的产成品是物质，人力资本生产部门的产成品是新知识（人力资本），新知识可以增加产出率并被物质生产部门以零成本获取，从而实现了技术进步。因此，Uzawa认为源源不断被生产出来的人力资本是实现经济长期增长的"发动机"。但Uzawa模型和"干中学"模型一样，人均产出的长期增长最终还是要依赖人口增长率，依旧没有彻底突破新古典经济学的体系。

虽然 Arrow 的"干中学"模型和宇泽弘文的两部门增长模型都要依靠劳动力或人口的增长来实现长期的经济增长，并不是完全的内生增长模型，但他们的模型为后来的研究者提供了极有价值的分析思路。Romer（1986）继承了 Arrow 的知识溢出效应的思路，真正实现了技术进步内生化，构建了第一个真正意义上的内生增长模型即"知识溢出"模型。Romer 克服了 Arrow "干中学"模型的两个缺陷，提出了两个不同的假设：假设 1 是知识或技术的形成是厂商为了获得最大利润进行生产投资时带来的结果；假设 2 是知识生产的报酬是递增的。这样的话，知识资本使生产函数具备了报酬递增效应，并通过"干中学"的知识外溢效应形成了收益递增的规模经济。因此，Romer 认为厂商可以通过积累知识资本来提高产出水平，从而有动力向研究部门投入更多资源，去获得更丰富的知识资本，保证了产出水平的不断提高，最终经济的长期增长得以实现。另一个内生增长理论的代表学者 Lucas 则主要继承了 Uzawa 的思想，用人力资本的外部性来回答经济长期增长的问题，并创建了内生增长的"人力资本溢出"模型。"人力资本溢出"模型包括了两个模型：一个是"两时期模型"（Two Periods Model）；另一个是"两商品模型"（Two Goods Model）。在上述模型中，Lucas 完善了 Uzawa 模型中的两个缺陷：首先假设劳动者个人可以决定时间的配置；其次假设劳动是同质性的。他将劳动力分为"原始劳动"和"专业化的人力资本"。这种人力资本不仅具有内部效应，能够影响自身的生产效率；更为重要的是它还具有外部效应，可以提高其他所有生产要素的生产率。Lucas 强调正是专业化人力资本的积累才是推动经济长期增长的动力。

2.2.3　绿色发展理论

近年来，由于地球环境的不断恶化，世界各国政府、各类国际组织以及许多民间团体和个人都越来越关注绿色发展及其理论。笔者梳理绿色发展的思想来源与内涵、我国绿色发展的指导思想及现实意义，一方面有助于明晰本书研究绿色增长的内涵，另一方面有助于厘清创新型人力资本影响绿色增长及绿色增长效率的路径机制。

2.2.3.1　绿色发展的思想来源与内涵

绿色发展的思想来源可以追溯到很久以前。综合来看，绿色发展的思想来源主要有三个方面：一是受到来自中国古代"天人合一"哲学思想的影响。所谓"天人合一"是指人类要与自然和谐共处。人类除了生于自然、发展于自然外，还要懂得爱护自然，与自然良性互动。二是受到自然辩证法的影响。自然辩证法反映了马克思主义的自然科学观。自然科学观包含了深刻的人与自然关系的唯物主义思想，能够指导人类在自身发展过程中如何保持与大自然的正确关系。三是受到可持续发展理论的影响。可持续发展的含义为："能满足当代人的需要，又不对后代人满足其需要的能力构成危害的发展。"可持续发展概念的提出对人类正确认识自身的生存与发展是有重大意义的，但它是一种以人类为中心应对自身环境危机的被动修正模式，有一定的狭隘性。绿色发展强调的是对地球环境的主动保护，而不是被动修复，因此它继承并提升了可持续发展的理念，可以称之为第二代的可持续发展观（Jorgenson and Fraumeni，1992）。

绿色发展作为化解人类面临的自然环境危机的创新型发展方式有着非常丰富的内涵。自工业革命以来，世界各国特别是西方发达国家通过工业生产不断造就出大量物质财富的同时，也对人类赖以生存的地球环境造成了极大的破坏。面对这一情况，国内外许多学者开始不断质疑和批判传统的高能耗和重污染的发展方式，提出了可持续发展、绿色增长、循环经济以及低碳经济等一系列的概念和理论。绿色发展是对这些概念和理论的继承和延伸。绿色发展统一了经济、社会和自然三大系统，使这三大系统全面、有序、协调地交互运行是绿色发展要实现的整体目标。而绿色增长、绿色福利和绿色财富则是经济系统、社会系统与自然系统在绿色发展模式下需要实现的系统子目标。经济系统是以产出增长为基础的，绿色发展下的产出增长则是绿色增长。相应地，社会系统对应的是绿色福利，自然系统对应的是绿色财富。绿色增长、绿色福利与绿色财富之间密切关联、环环相扣，是绿色发展深刻内涵的充分体现。从系统机制来看，绿色增长是绿色发展的灵魂，没有经济的绿色增长，社会的绿色福利和自然的绿色财富都无从实现。反过来，绿色福利和绿色财富的增加又有利于绿色增长的实现。总而言之，绿色发展的内涵十分丰富，包含了自然、经济、社会多个方面的内容，应以生态建设为原则，发展循环经济，推行低碳技术，维护好社会精神环境和人们的身心健康（齐建国，2013）。

2.2.3.2　我国绿色发展的指导思想及现实意义

党的十八大以来，我国已进入中国特色社会主义新时代。习近平同志的"两山理论"是我国在新时代实现高质量绿色发展的指导思想。"两山理论"本质上是中国特色社会主义的绿色发展理论，它从根本上解答了什么是绿色发展、如何进行绿色发展的问题。"两山理论"的核心思想是"绿水青山就是金山银山"，其中，绿水青山比喻的是美丽的生态环境，金山银山用来比拟巨大的物质财富，将地球的环境保护与人类的经济发展这对原本比较突出的矛盾科学地转化为地球与人类融合共生的辩证统一关系。"两山理论"的完整表述是"我们既要绿水青山，也要金山银山。宁要绿水青山，不要金山银山，而且绿水青山就是金山银山"（中共中央宣传部，2014）。这一完整表达体现了"两山理论"对于绿色发展三个层面的思想认识：一是"既要绿水青山，也要金山银山"是绿色发展的整体目标。"既要绿水青山"强调人类的生存和发展离不开良好的生态环境。保护自然环境，建设生态文明是绿色发展的一项重要工作；"也要金山银山"突出了人民对美好生活的向往这一合理需求，搞好物质文明建设，推动经济发展，实现财富增长也是绿色发展的一项重要工作。这两方面的工作是相辅相成的，不能偏废任何一面。二是"宁要绿水青山，不要金山银山"是绿色发展的根本原则。对于人类自身的生存和发展而言，绿水青山优先于金山银山。没有金山银山，只是日子过得苦一些，但不影响人类社会的繁衍生息，但是没有了绿水青山，即使拥有再多再大的金山银山，人类社会最终的命运是走向灭亡。因此，"两山理论"说明了绿色发展就是要与过去以污染环境获得财富的"黑色发展"决裂，任何时候都要坚守环境第一的底线，千万不能竭泽而渔。三是"绿水青山就是金山银山"表明了绿色发展的最终成果。绿水青山是孕育物质财富的"温床"。健康的生态环境可以提供源源不断的可再生资源，这是人类在创造物质财富的过程中不可或缺的生产要素。这就要求我们把发展产业和保护生态结合起来，建立起全面高效的生态产业体系，真正实现产业发展、经济增长和生态健康的有机统一。

"两山理论"正引领着我国的绿色发展，它不仅有着非常丰富的哲学内涵，而且还有十分重要的现实意义。首先，从政府方面分析，中央政府在为绿色发展制定相关配套政策时有了指导思想和理论依据。目前，全球环境保护的首要任务就是减少碳排放。为此，中央政府在全国范围内大力推进能源、交通、消费、产业结构等多个领域的低碳体系建设，建立绿色低碳循环发展政策，推动全国碳排放交易市场的建设，进而在顶层设计上保障了"碳达峰""碳中和"的绿色发展战略目标的如期实现。地方政府则可以依托中央政府出台的一系列低碳政策，结合实际情况，全面推进具有当地特色的生态行业的发展，特别是生态农业和生态旅游的发展，落实乡村振兴战略，同时逐步淘汰高能耗、高排放的污染产业。其次，从企业层面来看，"两山理论"为企业指明了发展方向。很多企业以前奉行的经济效益至上的生产理念已不合时宜，如果还是走原来的老路，必落得被淘汰的下场。这迫使企业要进行升级改造，使用绿色生产技术，制造绿色低碳产品，才能在市场竞争中获胜。再次，从学校层面而言，无论是小学、中学还是大学，"两山理论"为如何培养人才指明了方向。各级学校要以"两山理论"为基础，让学生认识和了解绿色发展，将其培养为新一代的"绿色人才"。最后，从国民立场分析，"两山理论"能够帮助中国人增强环境保护意识。目前，通俗易懂但寓意深刻的"两山理论"已家喻户晓、深入民心。很多国人都比过去更加自觉地爱护环境、保护生态，在生活中尽可能多地使用低碳产品，减少碳排放。低碳生活将逐渐成为 21 世纪现代都市和新农村的时尚追求。

2.2.4 经济增长收敛

经济增长收敛是后文中创新型人力资本绿色增长效应实证模型设计的理论基础。对经济增长收敛的理论起点、不同收敛的类型进行梳理，一方面可以为本书收敛模型的设计提供可靠的理论指导，另一方面有助于探索和厘清创新型人力资本绿色增长效应的研究内容框架，进一步为本书实证结果的解读提供理论依据。

2.2.4.1 经济增长收敛的理论起点

最早在研究工作中涉及增长收敛问题的学者是英国经济学家弗兰克·拉姆齐（Frank Plumpton Ramsey）。Ramsey（1928）在分析跨期资源分配问题时讨论了不同的投资水平对经济到达稳态的影响。当然，学术界普遍流行的看法是索洛增长模型（Solow Growth Model）才是经济增长收敛的真正理论起点。20 世纪 50 年代中后期，美国经济学家索洛（Robert Merton Solow）、澳大利亚经济学家斯旺（Trevor Swan）为了研究增长问题分别构建了一个均衡经济模型，被后来的学者并称为"索洛-斯旺模型"。两人的增长模型比较完整地构建了新古典经济增长理论的分析框架，标志着该理论体系的确立。Solow（1956）通过索洛模型明确指出一个经济体必然会自动收敛到一个稳定均衡态。下面简要地对索洛模型的函数形式及动态均衡理论进行介绍。

索洛在构建模型时提出了几个重要的假设：①存在一个封闭的经济体；②经济体内部的全部储蓄用来投资；③生产的规模报酬不变；④只有资本、劳动两种要素投入，并且边际收益递减；⑤资本、劳动两种生产要素可以相互替代。

索洛模型中生产函数的一般形式如下：

$$Y(t) = A(t)F(K(t), L(t)) \qquad (2.1)$$

在式（2.1）中，Y 是指经济体的总产出，A 的含义是生产技术水平，K 的含义是生产中投入的全部资本，L 的含义是生产中投入的全部劳动，AL 的含义是有效劳动，t 表示时间。这里，索洛实际上采用了柯布—道格拉斯生产函数的形式。

将式（2.1）进行一定的数学变换，可以得出与有关生产函数几个假设对应的结果。先对生产规模报酬不变的假设进行讨论，如果把投入的资本和有效劳动都增加 1 倍，产量也会相应地提高 1 倍，具体的数学表达式为：

$$F(\lambda K,\ \lambda AL) = \lambda F(K,\ AL) \tag{2.2}$$

令 $\lambda = 1\ /\ AL$，则式（2.2）可以表示成：

$$F(K/AL,\ 1) = \frac{1}{AL}F(K,\ L) \tag{2.3}$$

定义 $k = K/AL$，$y = Y/AL$，则 $f(k) = F(K,\ 1)$，式（2.3）可以简化为：

$$y = f(k) \tag{2.4}$$

式（2.4）中的 k 是有效劳动的平均产量，它是有效劳动平均资本量的函数。

接下来，分析要素投入边际收益递减的假设，也就是投入的生产要素不断增加，虽然要素的边际报酬>0 但逐渐减少，即满足稻田条件：

$$\lim_{k \to 0}f'(k) = \infty,\ \lim_{k \to \infty}f'(k) = 0$$

生产要素投入中的资本和劳动的边际收益用数学形式分别表示如下：

$$MPK(K) = \frac{\partial Y}{\partial K} = \frac{\partial(AL \times f(k))}{\partial K} = ALf'(k)\frac{\partial k}{\partial K} = ALf'(k)\frac{\partial\left(\frac{K}{AL}\right)}{\partial K} = f'(k) \tag{2.5}$$

式（2.5）表示资本的边际收益。

$$MPL(L) = \frac{\partial Y}{\partial L} = \frac{\partial(AL \times f(k))}{\partial L} = Af(k) + LAf'(k)\frac{\partial k}{\partial L}$$

$$= Af(k) + LAf'(k)\frac{\partial\left(\frac{K}{AL}\right)}{\partial L} = Af(k) + LAf'(k)\frac{-K}{AL^2} = A\left[f(k) - kf'(k)\right] \tag{2.6}$$

式（2.6）表示劳动的边际收益。

因为 $k = \dfrac{K}{AL}$，所以由链式法则可得：

$$\dot{k}_t = d\frac{K_t}{A_tL_t}/dt = \frac{\dot{K}_t}{A_tL_t} - \frac{K_t}{(A_tL_t)^2}(A_t\dot{L}_t + L_t\dot{A}_t) = \frac{\dot{K}_t}{A_tL_t} - \frac{K_t\dot{L}_t}{A_tL_tL_t} - \frac{K_t\dot{A}_t}{A_tL_tA_t} \tag{2.7}$$

由于索洛模型假设储蓄用于投资的比例是外生和固定的，也就是储蓄率，用 s 表示；另外，还要考虑资本折旧的问题，因此引入一个折旧率，用 δ 表示。

故因：$\dot{K}_t = sY_t - \delta K_t$，$\dfrac{\dot{L}_t}{L_t} = n$（人口增长率），$\dfrac{\dot{A}_t}{A_t} = g$（技术进步率），并且，$y = $

$\dfrac{Y}{AL} = f(k)$，式（2.7）可以变换为：

$$\dot{k}_t = \frac{sY_t - \delta K_t}{A_t L_t} - k_t n - k_t g = s\frac{Y_t}{A_t L_t} - \delta k_t - nk_t - gk_t \qquad (2.8)$$

$$\dot{k}_t = sf(k_t) - (n+g+\delta)k_t \qquad (2.9)$$

式（2.9）是索洛模型的资本积累方程。在该式中，$sf(k_t)$ 表示单位有效劳动的实际投资数量，$(n+g+\delta)k_t$ 被称作持平投资，也就是维持单位有效劳动平均资本数量不变的投资数量。实际投资数量与持平投资量之间的差额即为 $\dot{k}_t$，表示单位有效劳动的平均资本数量的变动率。这里，实际投资和持平投资之间的数量关系存在着两种情况：①当 $sf(k_t) > (n+g+\delta)k_t$ 时，$\dot{k}_t > 0$，因此 k 会增加；②当 $sf(k_t) < (n+g+\delta)k_t$ 时，$\dot{k}_t < 0$，因此 k 会减少。式（2.9）可以用图2.1进行展示。

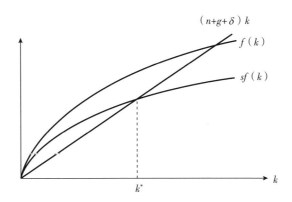

图2.1 平衡增长路径上的投资、产出与消费

观察图2.1能够发现，$(n+g+\delta)k_t$ 与 k 在数量上是正比关系，而 $sf(k_t)$ 为规模报酬不变的每单位有效劳动的平均产出。当 $k = 0$ 时，$f(k) = f(0) = 0$，这时，$sf(k_t)$ 与 $(n+g+\delta)k_t$ 相交于原点，均等于零。从稻田条件可知，当 $k = 0$ 时，$f'(k) > 0$，其数值也比较大，所以，当 k 值比较小时，$sf(k_t)$ 在 $(n+g+\delta)k_t$ 的上方并且坡度更为陡峭，说明此时的实际投资量比持平投资量要多。与此同时，稻田条件表明，随着 k 的不断增加，$f'(k)$ 会逐渐向零趋近，所以，实际投资曲线 $sf(k_t)$ 与持平投资曲线 $(n+g+\delta)k_t$ 将会相交于某一点。又因为 $f''(k) < 0$，所以当

$k>0$ 时，$sf(k_t)$ 和 $(n+g+\delta)k_t$ 只有一次相交。该相交点就是唯一的稳态点 k^*。在 k^* 处，$sf(k_t)=(n+g+\delta)k_t$，即实际投资量等于持平投资量。

当 $\dot{k}=0$ 时，每单位有效劳动的资本、产出及消费在数量上都没有变化，但三者的总量会按照 n（人口增长率）的速度增加。从式（2.9）可知，人均有效资本增长率可表示为：

$$\gamma_{kt}=sf(k_t)/k_t-(n+g+\delta) \tag{2.10}$$

式（2.10）的经济含义可以用图 2.2 进行表示。

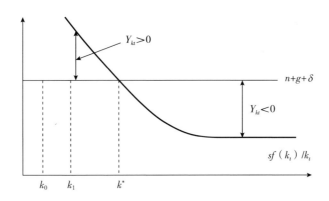

图 2.2   索洛模型动态路径

观察图 2.2 可知，当 $k<k^*$ 时，如 k_0 或 k_1 所处的位置，$\gamma_{kt}>0$，这是 $\dot{k}_t>0$，k 的值会不断增大，但当 k 逐渐向稳态 k^* 逼近时，k 的增长速率持续下降，直至 k 到达稳态即 $k=k^*$ 并且 $sf(k_t)/k_t=n+g+\delta$ 时，$\gamma_{kt}=0$；当 k 值不断变大，直至 $k>k^*$ 即 k 已处于稳态的右侧时，$\gamma_{kt}<0$。因此，不管 k 的初始位置是在 k^* 的左侧还是右侧，k 总会趋向 k^* 进行收敛，其原因为单位有效劳动资本水平更低的地区或国家的人均有效资本增长速率更快，因此经济增长会趋于收敛。

通过上述对索洛模型的分析可以知道，新古典增长理论认为一个经济体的增长主要受技术进步和资本积累的影响，并把技术进步看作外生变量。每个经济体的增长均存在一个均衡状态，即它的经济增长都会向自身的稳态收敛。趋向稳态过程中的收敛速度与当前状态和稳态之间的距离成反比关系。也就是说，某个国家或地区远离自身稳定状态时，它就会以更快的速度收敛。同时，新古典增长理论指出不同经济体之所以存在经济增长差异是由于各自的技术进步率不同。不过，技术扩散效应会使不同经济体之间的技术水平差距逐渐缩小。假如两个经济体的技术水平相当，由于资本的边际收益递减，使落后经济体的边际报酬比发达经济体高，从而也会比发达经济体增长更快。这就是通常所说的穷国在经济发展方面能够利用"后发优势"追赶富国的观点。

2.2.4.2　经济增长收敛的不同类型

以索洛模型为代表的新古典增长理论对经济增长收敛的阐释是创造性的，对增长的长期趋势趋于收敛提供了理论指导，为后续的经验研究打下了基础。自20世纪80年代以来，随着跨国宏观经济数据库的不断完善，针对经济增长收敛的经验研究大量涌现。现实世界中不同经济增长收敛的情况得以被检验并证实。目前，经济学界将经济增长收敛区分为两种类型：β收敛和σ收敛。β收敛还可以具体区分为绝对收敛和条件收敛两种情况。还有一种在β收敛基础上拓展出来的特殊形式，即俱乐部收敛。因此，经济增长收敛可以具体分解为σ收敛、绝对β收敛、条件β收敛及俱乐部收敛四种情况。下面，笔者分别对这四种增长收敛情况进行讨论：

（1）绝对β收敛。1992年，以新古典增长理论为基础，Barro 和 Sala-I-Martin 提出了β收敛的概念。之后，1996年，Sala-I-Martin 又总结了有关收敛概念的代表性文献，对β收敛和σ收敛这两大类型进行了对比分析，同时也对β收敛中的绝对收敛和条件收敛这两种具体的情况进行了详细的对比和分析。笔者先就绝对β收敛进行阐述。

绝对β收敛也被称为无条件β收敛，其含义是由于投入要素边际收益递减的作用，贫穷经济体比富裕经济体拥有更快的经济增长率，因此，从长期来看，贫穷经济体最终会赶超富裕经济体，所有经济体都会朝着相同的均衡发展水平（相同的稳态）收敛。它要求不同经济体要具备十分相似的初始发展条件和社会结构特征，具体来说就是要拥有高度一致的技术进步水平、投资水平、资本折旧率以及人口增长率。当这些条件都实现匹配之后，在长时期的发展中，不同经济体的人均产出水平就会逐渐趋于一致。绝对β收敛的数学模型如下：

$$\frac{1}{T-t}\left[\ln(y_{iT})-\ln(y_{it})\right]=\alpha+\beta\ln(y_{it})+\varepsilon_{it} \tag{2.11}$$

在式（2.11）中，i 表示第 i 个经济体；t 表示期初，T 表示期末；$T-t$ 表示时间长度；y_0 表示期初的人均 GDP，y_t 表示期末的人均 GDP；α 为常数项；ε_{it} 为随机扰动项并服从正态分布；β 代表第 i 个经济体人均 GDP 或收入增长率相对期初水平的弹性系数，也就是用于判定经济体增长是否收敛的系数。如果 $\beta<0$，那么经济体之间存在绝对收敛；如果 $\beta>0$，则说明经济体之间的增长不存在收敛，是发散的。相较现实经济而言，绝对β收敛是一个理想化的状态，因为只有满足上述非常严格的条件它才有可能实现。绝对 β 收敛出现在不同国家和地区之间的可能性很低，但发生在同一国家或地区的内部还是有一定的可能性。

（2）条件 β 收敛。实际上，不同经济体之间要在初始经济条件和社会结构特征等各个方面高度相同是不太现实的。由于在技术进步水平、投资水平、资本折旧率以及人口增长率等方面的差异，每个经济体的总产出增长也会表现出异质性，而且向各自的均衡状态发展。也就是说收敛于自己的稳态，这种情况被称为条件 β 收敛。在条件 β 收敛中，每个经济体的增长收敛速度与它的当前状态与稳态之间的距离成反比：当一个经济体远离自己的稳态时，它会以更快的速度收敛；相反，当它靠近自己的稳态时，它的收敛速度就会变慢。条件 β 收敛的数学模型可表达如下：

$$\frac{1}{T-t}\left[\ln(y_{iT})-\ln(y_{it})\right]=\alpha_i+\beta\ln(y_{it})+\Psi(X_{it})+\varepsilon_{it} \tag{2.12}$$

在式（2.12）中，α_i 表示第 i 个经济体的截距项，它可以进一步分解为各个经济体均相同的截距项和各自不同的人力资本存量。x_{it} 是一组对经济体的稳态构成影响的控制变量，通常包括产业结构、研发经费投入、人力资本存量、投资率、投资效率、市场化程度以及对外开放程度等多个因素。如果 $\beta<0$，那么不同经济体之间形成了条件收敛；反之，如果 $\beta>0$，则说明不同经济体之间的增长是发散的。与绝对 β 收敛相比，条件 β 收敛的假定要宽松许多，它允许不同经济体在初始发展条件和生产函数方面存在异质性，与真实的经济运行情况更为相符，这也是在经验研究中更多的文献证实了条件 β 收敛存在的原因。当然，条件 β 收敛和绝对 β 收敛之间是有关联的。当对落后经济体中影响稳态的各个控制变量加以改善，条件 β 收敛可以向绝对 β 收敛转化。换句话说，不同经济体将会朝着相同的稳态收敛，具有相同的人均产出或收入水平。

（3）σ收敛。如果经济体之间有关发展水平的彼此差距能够伴随时间的推移而不断变小，那么这种现象就被称作σ收敛。用于反映不同经济体之间发展水平差距的经济指标一般是人均产出或收入，而用来具体衡量水平差距离散程度的统计指标有多种，如标准差、变异系数、Theil 指数等。一般而言，检验不同经济体之间是否存在σ收敛的常用方法是使用某个经济体的人均产值或收入的对数标准差来测量。用于检验的具体方程式如下：

$$\sigma_t^2=\frac{1}{n}\sum_{i=1}^{n}\left(\ln y_{it}-\frac{1}{n}\ln\sum_{i=1}^{n}\ln y_{it}\right)^2 \tag{2.13}$$

在式（2.13）中，σ_t 表示 n 个经济体实际人均 GDP 的对数标准差；y_{it} 代表第 i 个经济体在 t 时点的人均 GDP。由σ收敛的概念可知，如若在 $t+T$ 的时期，

$\sigma_{t+T} < \sigma_t$，则表明于 T 时期中，n 个经济体都会出现σ收敛；对于任意两个时点 t 和 s，$s > t$，如果均有 $\sigma_s < \sigma_t$，则表明 n 个经济体存在一致σ收敛。相反，如果在 $t+T$ 的时期，$\sigma_{t+T} > \sigma_t$，则表明 n 个经济体在 T 时期中不存在σ收敛；对于任意两个时点 t 和 s，$s > t$，如果均有 $\sigma_s > \sigma_t$，则表明 n 个经济体不存在一致σ收敛。

比较 β 收敛和σ收敛两者的含义可知，经济体的σ收敛可以导致 β 收敛，但经济体的 β 收敛未必带来σ收敛，因此，σ收敛是 β 收敛的充分条件，而 β 收敛则是σ收敛的必要条件。σ收敛因为计算便利而被普遍运用，但在实际的经验研究中，国内外学者对 β 收敛的讨论更为广泛一些，其原因是基于 β 收敛的对不同经济体经济增长速度的回归分析，可以得出有关增长模型的估计参数，参数的估计结果能够为政府制定政策提供相应的依据。

（4）俱乐部收敛。按照初始人均收入水平和经济结构特征的相似性对世界各国及地区进行分组，同在一组的经济体之间会出现增长差异随时间推移而不断缩小的现象。换言之，每个小组内部的经济体向着共同一致的均衡状态发展，最终收敛于相同的稳态；而不同小组的均衡稳态是不一样的，没有出现收敛情况，那么这种特殊的收敛现象就被称为俱乐部收敛。检验俱乐部收敛的数学模型可以表达为：

$$\frac{1}{T-t}\left[\ln(y_{iT}) - \ln(y_{it})\right] = \alpha_1 + \alpha_2 \ln(y_{it}) + \alpha_3 D + \varepsilon_{it} \tag{2.14}$$

在式（2.14）中，y_{iT} 代表期末第 T 年不同国家或地区人均收入的增长率，y_{it} 则代表期初第 t 年不同国家或地区人均收入的起始水平；α_1 为常数项，α_2 是待估计参数，D 表示不同地区的虚拟变量；ε_{it} 表示随机扰动项。假如 $\alpha_2 < 0$，说明这些国家或地区之间形成了俱乐部收敛。

本质上，俱乐部收敛是从 β 收敛衍生出来的一种收敛情况，可以理解为把绝对 β 收敛和条件 β 收敛相互结合起来考虑。换言之，就是以绝对 β 收敛为基础，加入分组条件，即按照经济结构特征和起始人均收入水平的相似性把不同经济体划分为不同的经济俱乐部。每个俱乐部内部存在增长收敛，但不同俱乐部之间的增长情形却是相反的，即表现出发散状态。

2.3 创新型人力资本对绿色增长及绿色增长效率的影响机制

内生增长理论深入阐释了人力资本推动经济增长的内在机制，并且将人力资本的主观能动性融入其中，解释了知识不断自我增强和积累的原因。创新型人力资本是拥有较高受教育程度、较高技能和知识水平的特殊人力资本；同时绿色增长相对传统意义上的经济增长，其本质在于增加了环境和资源约束，关于创新型人力资本对绿色增长及绿色增长效率的影响离不开技术进步的中间作用，因此内生增长理论仍然是本书机制分析的重要依据。人力资本理论对人力资本的属性及其与其他生产要素间的相互作用进行了阐述，创新型人力资本保留并加强了这些属性和作用，成为影响绿色增长的关键，故而人力资本理论也是本书机制分析的重要基础。另外，依据空间相互作用理论和创新地理学理论，几乎所有的生产和社会活动均在空间中相互作用，尤其是拥有较高知识和技术水平的人力资本，可通过跨区域交流互动等产生创新的空间交互作用，促进知识的空间溢出和扩散，并且创新地理理论指出，区际创新知识溢出作为创新空间交互作用的一种体现，对区域创新协调增长有十分重要的作用，因此空间相互作用理论和创新地理理论为我们研究创新型人力资本影响绿色增长和绿色增长效率提供了基于空间溢出视角的新思路。

基于上述分析，笔者认为关于创新型人力资本影响绿色增长及绿色增长效率的机制可以分别从直接作用、间接作用和空间溢出路径作用开展，其中直接作用体现在它的异质性要素对绿色增长的影响，而间接作用则主要通过技术进步来促进绿色增长。

2.3.1　创新型人力资本影响绿色增长的机制分析

2.3.1.1　创新型人力资本影响绿色增长的直接机制分析

根据人力资本理论，创新型人力资本的各种内在特质将对绿色增长产生直接影响。具体来说，创新型人力资本保留和加强了原有普通人力资本的基本属性，主要通过影响边际报酬、物质资本及劳动者素质等方面来作用于绿色增长。

（1）创新型人力资本能够长期保持边际报酬递增。创新型人力资本属于人力资本的范畴。相对物质资本而言，人力资本具有主观能动性，蕴含其中的劳动能力会随着劳动者的体力、知识和技能表现出差异性。按照能力类型和水平的差异，人力资本可以被划分成三种类型：一般型人力资本、专业型人力资本及创新型人力资本（姚树荣，2001a）。图2.3揭示了三种类型人力资本的能力结构（姚树荣，2001b）。

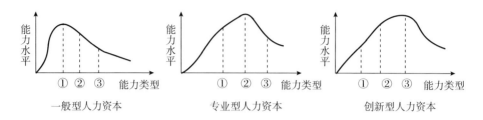

一般型人力资本　　　　专业型人力资本　　　　创新型人力资本

图 2.3　人力资本类型和能力水平

注：①表示一般能力；②表示专业能力；③表示创新能力。

　　不管何种类型的人力资本，实质上是一种生产要素，与物质资本、劳动力、资金等一样，可以被直接投入生产过程当中。但创新型人力资本与其他所有生产要素最大的不同之处在于，它在生产周期中保持边际报酬递增的时间更长，因为它所拥有的是一种社会稀缺的创新能力，能够突破原有的技术或制度局限，使生产可能性边界向外拓展。创新的结果是能够获得超过社会平均收益的"垄断收益"，这也是创新型人力资本所有者不断创新的动力。虽然每次创新最终都会迎来边际报酬递减，但持续创新所形成的长期包络线却是边际报酬递增的。

　　图 2.4 展现了创新型人力资本边际收益递增的特点（李红霞和席西民，2002）。换言之，创新型人力资本比其他两种人力资本拥有更强的价值创造能力，引发产出乘数效应，从而提高生产效率，实现长期的绿色增长。

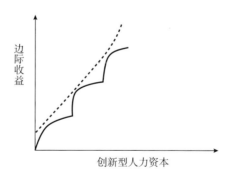

创新型人力资本

图 2.4　创新型人力资本的阶梯式边际收益递增

　　（2）知识经济时代中能够对物质资本产生积极影响。经济增长离不开物质资本和人力资本的贡献。知识经济时代的一个重要标志就是物质资本在经济增长中所起的作用不断减少，而人力资本特别是创新型人力资本发挥的作用日益加强。在这种趋势下，过去"资源运营+要素驱动"的"黑色发展"模式将逐渐转向"知识运营+创新驱动"的"绿色发展"模式。与此同时，增长模式转变的过程中，创新型人力资本也将逐渐取代一般型和专业型人力资本，成为作用于物质资本的最主要的人力资本。创新型人力资本一方面可以提高物质资本的利用水平和利用效率；另一方面其积累的增加可以减少物质资本的投入，减少生产过程中的资源浪费和非合意产出，并且创新型人力资本的边际报酬递增可以抵消物质资本的边际报酬递减，从而保证了绿色增长的持续实现。

（3）创新型人力资本积累对劳动者素质产生积极影响。创新型人力资本的关键构成要素是丰富的专业性前沿知识储备、先进且精湛的业务能力及系统且深邃的创新思维。这些要素的形成不是短时期内就可以实现的，需要经过长时期的学习和培训才能够逐渐积累。首先，创新型人力资本的积累能够提升整体人力资本或劳动人口素质，增强区域技术水平和绿色生产的能力；其次，知识具有竞争性和非排他性的特征，创新型人力资本所具备的知识和技术在生产过程中会形成知识扩散，其他普通人力资本和劳动者能够通过"干中学"等方式获得来自创新型人力资本的知识和技术，有益于进一步推动劳动者素质提升。因此，创新型人力资本积累对增强整体劳动者素质具有重要的作用，也会进一步助推经济绿色增长的实现。

2.3.1.2 创新型人力资本影响绿色增长的间接机制分析

根据内生增长理论，创新型人力资本是技术进步的关键动力，而技术进步将进一步推动能源消费结构调整、产业结构升级，进而推动绿色增长，因此创新型人力资本会通过技术进步对绿色增长产生间接影响。

（1）促进能源消费结构向绿色低碳转型。当今时代，人类之所以面临如此沉重的环境压力，正是因为自工业革命以来，在快速的经济增长过程中大量使用以煤炭、石油为主的不可再生的化石燃料造成的。迫于日益严峻的环境和生态窘境，各国在寻求经济增长的过程中不得不想办法改变原来的能源消费结构，降低对化石能源的依赖程度，大幅度提高非化石能源如太阳能、水能、风能等可再生的绿色低碳能源的使用比例。能源消费结构的绿色转型绝非易事，其中存在着大量的技术难题，需要通过技术创新甚至"创造性破坏"来破解。而寻求创新正是创新型人力资本的核心竞争力，这种能力是实现技术进步的源动力，技术进步则是减少环境破坏和提高经济绩效的关键环节。

创新型人力资本主要通过自主技术创新这种方式推动传统的黑色高碳能源消费结构向现代的绿色低碳能源消费结构转型。能源消费结构顺利转型的前提条件是研发出能够有效利用可再生绿色低碳能源的技术手段，这需要通过创新型人力资本所有者的创新活动来实现。先进的知识和技术储备是支撑创新型人力资本所有者开展创新活动并成功实现创新不可或缺的坚实基础。以创新型人力资本主导的技术研发成果需要借助一般型人力资本和专业型人力资本应用于实际生产过程中。这两类人力资本所要做的工作就是学习并熟练掌握新的绿色生产技术和相应设备，进行规模化生产并降低污染和减少碳排放，进而实现绿色增长。

（2）促进产业结构不断优化升级。创新型人力资本能够通过技术进步推动高耗能、高排放、高污染的传统行业进行产业升级。主要体现在：其一，创新型人力资本可以研发出清洁的生产技术，用以取代污染大又低效的传统生产技术，大范围地在"三高"行业中推广使用，从而达到节能减排的效果；其二，技术进步不仅可以改造一批污染严重的行业，也能淘汰一些难以改造的高污染产业；其三，新的绿色能源利用技术正在逐步减少人类对化石能源的依赖程度和需求数量，这种绿色发展趋势必将导致化石能源的开采行业和主要消费行业的规模不断缩小，推动绿色增长。

创新型人力资本也能够通过提升生产效率助推产业结构升级和绿色增长。一方面，创新型人力资本的积累可以更好地实现生产工具与生产资料的匹配，有利于节约生产资源；通过优化产业生产环节，能够进一步降低生产成本，提高生产效率，推动产业结构升级。另一方面，创新型人力资本的使用可以减轻产业对原有发展模式的依赖，尤其是对原有自然资源的依赖程度，有利于推动产业从资源密集型向技术密集型发展过渡，推动产业结构升级。此外，创新型人力资本的积累也有利于吸引更多其他优质资源集聚，进一步推动产业专业化集聚的形成，助推产业结构升级和绿色增长。

综合上述理论分析，创新型人力资本的自身技术属性及其与资本和劳动要素间的互动作用是其推动绿色增长的直接路径的体现，对能源结构和产业结构升级的影响是其推动绿色增长的间接路径的体现。具体路径机制如图2.5所示。

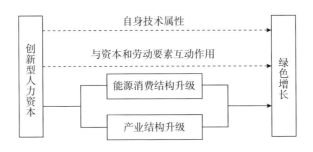

图 2.5　创新型人力资本影响绿色增长的作用机制

2.3.2 创新型人力资本影响绿色增长效率的机制分析

2.3.2.1 创新型人力资本影响绿色增长效率的直接机制分析

创新型人力资本的自身属性可对绿色增长效率产生直接影响。具体来看，创新型人力资本主要通过吸收外部技术和管理经验、替代传统生产要素等渠道直接作用于绿色增长效率。

（1）创新型人力资本能够促进外部技术和先进管理经验的吸收。领先的技术设备和管理水平等是提升资源利用效率、整体经济运行效率及绿色增长效率的关键。长期以来，我国以外商直接投资作为先进技术设备、管理经验等引进的主要手段，以此来提升区域绿色增长效率（苏科和周超，2021），而其中，创新型人力资本是吸收、消化先进技术和管理经验的重要条件。换言之，物质资本效率的提升并不能最大限度地提升绿色增长效率，创新型人力资本与物质资本的匹配是发挥物质资本效率的关键，全社会创新型人力资本与物质资本的匹配程度越高，越有利于绿色增长效率的提升。

（2）创新型人力资本可以适度替代传统生产要素。传统自然资源的过度使用是造成绿色发展效率较低、环境污染严重的主要原因。为了保障经济生产活动的有序运行或追求经济更快的增长，加大传统自然资源、物质资本及劳动力资本的使用是最直接有效的手段，而这种粗放型的生产或经济增长方式往往不利于绿色增长效率的提升。创新型人力资本自身强大的知识储备能够提高资源的使用效率，可以在一定程度上代替自然资源、物质资本和一般劳动力等这些传统的投入要素，使得社会经济生产活动能够减少对它们的依赖，进而实现节能减排的目标并有效提高整体生产效率。

2.3.2.2 创新型人力资本影响绿色增长效率的间接机制分析

创新型人力资本的消费属性和知识积累属性对绿色增长效率产生间接作用。具体来看，创新型人力资本通过转变消费意识、增强环保意识有效减小环境污染，提升绿色增长效率；亦可通过推动技术进步，降低能源消费等方式作用于绿色生产效率。

（1）推动消费意识向绿色环保转变。创新型人力资本所接受教育的系统性更强，内容也更深入，获取及分析信息的能力更强，对自然环境造成不良影响的消费习惯会逐渐被淘汰，更加绿色的消费方式将得到进一步推广。马克思在《资本论》第2卷中就曾指出，消费方式的转变会引起生产者供给结构的转变（王鹏和郭淑芬，2021）。依此，创新型人力资本能在科学引导消费方式转变的同时，从供给结构上进一步作用于生产者，推动生产活动向更为绿色、节能的方式转变，环保技术的应用和研发将被增强，推动企业进行一系列的转型升级。在国家和整体区域层面，随着绿色消费方式的到来和企业生产活动的转变，学科专业的设置和专业型人才培养强度将不断增加，成为经济社会绿色发展的重要支撑，推动绿色发展效率提升。

（2）促进绿色技术创新的提升。绿色技术创新是影响绿色生产效率提升的关键因素。创新型人力资本对经济社会发展主要的作用便是推动技术创新，进而促进生产效率的提升，其中绿色技术创新及绿色生产效率的提升是其重要构成部分（程广帅和胡锦锈，2019）。绿色技术创新不仅可以作为投入要素直接进入生产，影响绿色增长效率，还可以对其他经济活动产生影响，进而提升绿色增长效率。创新型人力资本水平的提高是吸收引进技术和开展自主创新的基础，对绿色技术创新形成明显的推动作用。一个地区创新型人力资本数量和质量水平越高，越有利于前沿技术的学习、吸收和消化，在绿色生产和环境保护方面对绿色增长效率的作用也将越强（Bagheri et al.，2019）。

另外，近年来我国长期依赖外商直接投资的外部技术吸收来促进技术水平提升的方式正在发生改变，以创新型人力资本为基础，推动内部技术创新的发展方式逐渐成为主流，国家创新发展战略的提出是其重要标志。这也意味着创新型人力资本推动技术创新或技术进步，进一步作用于绿色增长效率的机制将越发明显。

综合上述分析，创新型人力资本对绿色增长效率提升产生了重要影响，其影响路径包括直接路径和间接路径，其中直接路径主要体现为创新型人力资本能够促进外部技术和先进管理经验的吸收，可以适度替代传统生产要素；间接路径主要体现为创新型人力资本可以推动消费意识向绿色环保转变和促进绿色技术创新的提升。具体机制路径如图 2.6 所示。

图 2.6　创新型人力资本影响绿色增长效率的作用机制

2.3.3　创新型人力资本影响绿色增长和绿色增长效率的空间溢出机制分析

人力资本是知识的载体，创新型人力资本承载着更高水平或更高质量的知识

2 概念界定及理论基础

和技术，知识和技术的非竞争性和部分非排他性容易产生空间溢出或扩散，对绿色增长和绿色增长效率产生影响。

创新型人力资本更高水平的知识积累具有明显的创新特质，能够依靠模仿创新、自主创新等方法来实施绿色技术创新和应用。一般而言，对于绿色技术开发、环境治理等方面而言，经济发展水平较高的地区会投入更多资金，也更能吸引其他地区的创新型人力资本，因此会产生一种"虹吸效应"。经济发展水平较高的地区通常拥有较高的创新型人力资本存量水平，可以依靠高水平的创新型人力资本构建绿色技术更新体系，在推动绿色技术进步、提高绿色增长和绿色增长效率提升的同时，保持区域绿色发展竞争力。对于绿色增长和绿色增长效率水平较低、经济发展较为落后的地区，绿色创新技术开发的支持条件薄弱，来自发达地区绿色发展的竞争效应和示范效应较强，通过创新型人力资本交流等进行跨区域创新合作手段，推动创新型人力资本知识和技术的空间扩散或溢出，成为其绿色技术水平提升的重要渠道。与此同时，有研究表明，发达地区对创新型人力资本的"虹吸效应"随着经济的快速发展也将发生转变，生活成本和居住空间等的限制会形成"市场拥挤"，推动创新型人力资本由高绿色增长、高绿色增长效率地区向低绿色发展水平地区流动，进一步强化创新型人力资本影响绿色增长和绿色增长效率的空间溢出效应（Fisher-Vanden et al.，2006；宋涛和荣婷婷，2016）。另外，即使是经济发展水平、绿色发展水平相当的地区，由于区域间绿色发展竞争效应的存在，创新型人力资本影响绿色增长和绿色增长效率的空间溢出效应也不可忽视。

综合上述分析，创新型人力资本具有较强的自主创新能力和学习模仿能力，区域间绿色发展的示范效应和竞争效应，使创新型人力资本能够作用于绿色增长和绿色增长效率，进而形成明显的空间溢出效应。笔者绘制了创新型人力资本影响区域绿色增长和绿色增长效率的空间溢出效应作用机制图，如图2.7所示。

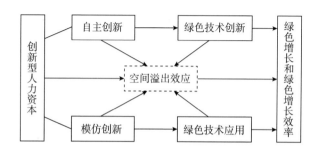

图2.7　创新型人力资本空间溢出效应的作用机制

本章小结

本章主要介绍了创新型人力资本和与之有关的理论，现将具体论述内容总结如下：

首先，对本研究所涉及的主要概念进行了界定。从国内和国外两个层面梳理了学者们对创新型人力资本内涵的论述，在此基础上，笔者总结归纳了创新型人力资本的三个本质属性：前沿的知识技能、活跃的创新活动及递增的边际产出。在内涵分析的基础上，进一步讨论了创新型人力资本的外延，主要涉及创新型人力资本的分类；梳理和分析了国内外有关组织和学者对绿色增长含义的解释，总结出绿色增长可以分为狭义和广义两种理解，并从广义的角度给出了本书的定义，同时在绿色增长概念的基础上进一步界定了绿色增长效率的定义。

其次，论述了与本研究相关的一系列理论。一是对人力资本理论进行了概述，探讨了人力资本的思想起源，分析了人力资本理论的创立与发展情况；介绍了内生增长理论的开端与发展，并重点论述了罗默的知识溢出模型和卢卡斯的人力资本溢出模型。二是阐述了绿色发展理论。先是讨论了绿色发展的思想来源与内涵，然后对我国绿色发展的指导思想及现实意义进行了分析，其中，重点论述了习近平同志的"两山理论"。三是以索洛的增长模型为基础，从经济收敛的研究起点和增长收敛的分类两个方面简要阐述了经济增长收敛的相关理论内容。

最后，笔者深入分析了创新型人力资本对绿色增长及绿色增长效率的影响机制，绘制了一个影响机制的概念模型。一方面从理论上论述了创新型人力资本对绿色增长和绿色增长效率的直接影响；另一方面从间接机制的角度分析了创新型人力资本对绿色增长及绿色增长效率的影响，说明了创新型人力资本可以通过技术进步对绿色增长和绿色增长效率产生间接的正向作用。此外，分析了创新型人力资本影响绿色增长和绿色增长效率的空间溢出作用机制。

3 创新型人力资本测算及其 时空演变特征

作为一种重要的生产要素，创新型人力资本是一种促进技术进步和生产发展的稀缺资源，在高质量经济发展中扮演着关键角色（Wang and Wu，2020）。那么，我国目前有多少创新型人力资本数量？创新型人力资本质量又有多高？这二者在我国不同经济区域之间及各自区域内部分布的基本情况是什么样的？分布状态表现出怎样的时空演变特征？要想回答这些问题，需要对我国的创新型人力资本进行测算。测算的具体步骤是先计算全国总体的创新型人力资本数量和质量，再计算各个省份的创新型人力资本数量和质量，最后各个经济区域的创新型人力资本数量和质量由隶属该区域的省份数据加总求和获得。本章的研究目的就是从全国和区域两个层面对创新型人力资本的数量和质量进行测算并进行时空演变特征描述，为后续各章的经验分析提供必备的数据基础。

3.1 创新型人力资本的度量

本书是从宏观层面来讨论创新型人力资本的度量，即测度全社会的创新型人力资本存量。根据文献综述部分对国内外学者在测度人力资本及创新型人力资本时使用的主要方法和手段进行梳理、分析和归纳，笔者创造了一种从数量和质量两个维度来测算我国创新型人力资本的全新方法。

3.1.1 创新型人力资本数量的具体测度方式

在借鉴和参考国内外学者测算人力资本数量及创新型人力资本数量的不同方

法的基础上，笔者采用教育存量法来测算我国全社会的创新型人力资本数量，采用这种方法主要有以下几个方面的原因：

（1）基于教育的人力资本测量方法在全世界范围内已经得到广泛认可和应用。人力资本理论之父 Schultz 认为教育是人力资本投资和积累的首要形式。国内外许多学者普遍认为受教育水平能够衡量人力资本存量水平（袁帅，2019）。众多研究将受教育年限或受教育水平作为人力资本的主要代理变量（杜丽群和王欢，2021）。国内使用教育指标法的代表学者有蔡昉和王德文（1999）、胡鞍钢（2002）。

（2）教育指标法相对于成本法和收入法而言，具有数据易得性、计算便利性及结果直观性等优点，因此也更容易操作。尽管不少学者认为教育指标法的不足之处是比较明显的，但由于上述优点，在相当长一段时间内其仍然是中国人力资本测算的一种可行的基本方法（钱雪亚，2012）。

（3）近年来，国内学者采用教育指标法实证研究我国人力资本对经济增长的作用，都取得了比较一致的正向结论（陈汉鹏和卜振兴，2019；姚洋和崔静远，2015；石庆焱和李伟，2014），说明使用该方法测算的结果比较可靠地反映了我国的创新型人力资本存量。

按照上述方法，笔者把用以测度创新型人力资本数量的计算公式表达为：

$$IHC_{it}^{Quantity} = \sum_{j}^{3} 就业人数_{it} \times 受某级高等教育人数比_{itj} \times 某级高等教育年限_j$$

$$(3.1)$$

在式（3.1）中，IHC 是 Innovative Human Capital 的首字母缩写，$IHC_{it}^{Quantity}$ 表示第 i 省第 t 年的创新型人力资本数量，如果是全国层面的话，i 可以省略；$j=1$，2，3 依次表示高等教育中的大专、本科及研究生教育层次。参照李立国和杜帆（2019）的做法，大专受教育年限＝15 年，本科受教育年限＝16 年，研究生（包括硕士生和博士生）受教育年限＝21 年。

3.1.2 创新型人力资本质量的具体测度方式

在借鉴和参考国内外学者测算人力资本质量及创新型人力资本质量的不同方法的基础上，笔者将采用每万名受高等教育就业人员发表科技论文数及专利授权数来衡量我国全社会的创新型人力资本质量。具体测算方法如下：

$$IHC_{it}^{Quality} = 10000 \times \left(a \times \frac{发表科技论文数量_{it}}{受高等教育就业人数_{it}} + b \times \frac{国内授权专利数_{it}}{受高等教育就业人数_{it}} \right) \quad (3.2)$$

式（3.2）中，$IHC_{it}^{Quality}$ 表示第 i 省第 t 年的创新型人力资本质量，如果是全国层面的话，i 可以省略；a 和 b 为科技论文与授权专利之间的转换系数。按照国内科研院所及高校等机构对科技论文与授权专利之间折算的经验做法，系数 a、b 的比值定为 $1:1$。于是，式（3.2）可以简写为：

$$IHC_{it}^{Quality} = 10000 \times \frac{(发表科技论文数量+国内授权专利数)_{it}}{受高等教育就业人数_{it}} \qquad (3.3)$$

其中，每万名的数量级借鉴了国家统计局创新指数构建时使用的数量方法（国家统计局社科文司中国创新指数研究课题组，2014），科技论文数量指的是被国际三大检索 SCI、EI 和 CPCI-S（原 ISTP）所收录的由我国作者公开发表的科技方面的论文数量；授权专利具体指的是外观设计、实用新型和发明三种类型的专利。采用这样的测算方法主要有三个方面的原因：第一，已有多位国内外学者认为发表科技论文数和专利授权数可以反映某国或地区的创新人力资本质量，并将它们当作测度创新人力资本质量的代理指标。第二，根据前文创新型人力资本的内涵界定，创新型人力资本具有较高的创新活力和创新效率，并且生产边际报酬递增是创新型人力资本区别于其他类型人力资本的一个最显著也是根本性的特质。因此，从产出的结果导向看，科技论文数和专利授权数可以较好地反映创新型人力资本的质量内涵。第三，式（3.3）严格意义上表示了创新效率，但"效率"在很大程度上能够反映"质量"，其原因在于：通过增加投入推动增长的方式我们往往称之为"粗放式"增长，通过提升效率推动的增长则称之为"集约式增长"，也即高质量增长。因此，效率的大小在一定程度上反映了质量的高低，也正因如此，在关于高质量发展的诸多研究中，学者们常用全要素生产率作为高质量发展的代理指标，本书的研究沿用了这一思路。

此外，采用就业人员数作为统计口径的理由在于，就业人员指的是在一个组织中工作以获得工资收入的所有人数，涵盖在职员工、离退后重新返岗的人员和在其他组织中工作的外籍员工和港澳台员工、兼职员工、借用的其他单位员工和第二职业者等，但没有包含离开本单位且未解除劳动关系的人员（梁前德，2011）。据此定义可知，就业人员指的是工作中的劳动者，是正在或可能从事创新活动的主体，它包括的劳动者外延也是比较全面的，有利于对创新型人力资本进行比较准确的测量。考虑到统计数据的规范性和可得性，本书使用的就业人员数据来自《中国劳动统计年鉴》统计的"各地区分登记注册类型城镇单位年末人数"。

3.2 经济区域研究范围及数据说明

我国幅员辽阔，地大物博，国土面积约有 960 万平方千米，排名世界第 3 位。广阔的国土上分布着 34 个省级行政单位，其中省份 23 个、自治区 5 个、直辖市 4 个、特别行政区 2 个。本书研究所涉及的经济区域主要是指我国的大陆部分，不包括台湾省和香港、澳门两个特别行政区。

3.2.1 经济区域和经济区划简介

经济区域是任何国家或地区不可或缺的重要组成部分。国内外相关政府机构及学者都对经济区域进行过定义。从经济角度而言，区域是国家内部一个特殊的并且完整的地区。该地区因为自然资源、文化积累以及生产能力等诸多方面的特质而成为国民经济总体体系中的一个部分（熊义杰，2011）。美国区域经济学者 Hoover 认为：“区域是政府出于计划、管理或政策制定等多种不同需要，依据内部同质性或功能一体化原则划分出的用以应用考察的一片地区。”我国区域经济学者程必定（1989）认为：“经济区域是一个围绕经济中心客观存在的经济社会综合体，其中有人类大量的经济活动，构成要素表现出鲜明的地域特点并不能无限分割。”

经济区划既可以作为名词也可以作为动词。在本书中，经济区划被用作动词。经济区划是指“国家参照经济社会的发展目标、区域之间经济交往的紧密程度、经济水平和特征的相似性，以及劳动地域分工的规律从战略高度对国土进行的一种区划”（程必定，1989）。经济区域划分既要遵循区域经济发展的一般规律，又能有利于区域发展问题及政策的分析研究（李善同和侯永志，2003）。我国大陆的省级行政区域在地理位置、人口数量、历史文化及社会经济等方面既有一定的联系也有各自的特点。为了科学地研究我国宏观经济的发展，有必要合理规范地对大陆省份进行相应的区域界定。这种做法从整体上说，可以更好地配置自然及社会资源，优化区域经济发展的战略规划，能够直接对区域发展的产业布局、市场结构、贸易互动、消费需求等各种经济活动产生积极有利的影响。

3.2.2 我国经济区划发展主要情况概述

中华人民共和国自 1949 年成立以来，在省级行政区划方面经过了多达 7 次调整才形成了如今的行政区域。在我国大陆地区的经济区域划分方面，中央政府、相关机构及学者也曾多次从不同角度及实际需要进行过一系列的谋划。笔者依照时间序列的方式将我国自 20 世纪 50 年代以来经济区域划分的主要演变情况进行了简要归纳，一些划分方式在时间上略有重叠（见表 3.1）。

表 3.1　全国经济区域划分发展与演变的主要情况

序号	时间	划分方式	划分者	意义
1	20 世纪 50 年代	沿海与内地	1956 年，毛泽东在《论十大关系》中提出	分析沿海与内地的工业关系
2	20 世纪 60 年代	华北、东北、西北、华东、中南和西南六大经济区域	中央政府	推动相关区域发展
3	20 世纪 60 年代中期~70 年代中期	将全国版图划分为三线地区	中央政府	国防战备需要
4	1970 年	华北、东北、西北、中原、山东、华东、华南、西南、闽赣和新疆十大经济协作区	全国计划会议	促进区域经济协作
5	1985 年	华北区、东北区、西北区、黄河中下游区、长江中下游区、华东区、东南沿海区、西南区八大综合经济区	刘再兴（1985）	调动区域经济发展
6	1986 年	六大经济区的划分：东北区、黄河流域区、长江流域区、南方区、新疆区和西藏区	陈栋生（1986）	标志着我国区域经济研究时代的开启
7	1987 年	划分为东部、中部、西部三大经济区域或三大地带	第七个五年计划	这种划分对我国的区域政策及研究产生的影响最为深远
8	1990 年	九大经济区的划分：东北区、华北区、华中区、华南区、西南区、西北区、内蒙古、新疆和西藏	杨树珍（1990）	将内蒙古、新疆和西藏等民族地区单独列为经济区域
9	1992 年	七大经济区的划分：环渤海地区、东南沿海地区、长江三角洲及沿江地区、西南六省区、东北地区、中部五省区、西北地区	第九个五年计划	突出了区划内各个省区的地理毗邻性及内在经济联系
10	1998 年	划分为沿海、沿边地区与内陆腹地三大经济带	魏后凯（1998）	强调了各大区域的重要区位属性
11	2003 年	八大经济区的划分：东北地区、北部沿海地区、东部沿海地区、南部沿海地区、黄河中游地区、长江中游地区、西南地区和大西北地区	国务院发展研究中心	强调了各大区域的沿海特征及流域属性

续表

序号	时间	划分方式	划分者	意义
12	2005 年	"三大块"新经济区域：环渤海、长三角、珠三角三大城市群经济增长极带动广大的中西部经济腹地协调发展	孙红玲和刘长庚（2005）	统筹区域发展目标，更有效地实现区域的协调发展
13	2007 年	经济区域划分的"蝴蝶模型"：以新亚欧大陆桥中国经济区为蝴蝶躯干、泛珠三角经济区、大东北经济区为左右前翅，泛长三角经济区、环渤海经济区为左右后翅	李忠民和张子珍（2007）	在全球经济失衡的背景下重新构建了中国经济的区域划分
14	2009 年	划分为五大经济区域：北方经济区、西北经济区、东南经济区、西南经济区、长江流域经济区	马庆林（2009）	有利于区域内部、区域之间的协调发展
15	2011 年	划分为四大经济区域：东部、中部、西部及东北四大地区	国家统计局	这种划分比较普遍地被政府和学术界采纳和使用

3.2.3　经济区域研究范围与数据

从表 3.1 可以看出，不同的经济区划方法把我国大陆地区分成了 2~10 个经济区域。在这些经济区划方式中，被社会各界采纳和应用最多的是东部、中部、西部三大地带的划分。尽管有学者认为，基于三大区域的划分较为笼统，只能从宏观层面反映大体轮廓，在微观层面上有的省份与该地区的发展结构不能匹配（邓忠泉，2010），但是，从省际层面开展研究时，基于八大区域的划分方法往往使得各区域样本量较小，在使用面板数据分析时可能出现不符合面板数据模型样本条件的现象。本书在测算创新型人力资本数量与质量的基础上，将进一步讨论其绿色增长效应，需要建立面板数据模型进行分析研究。因此，本书研究的区域范围采用第七个五年计划中提出的三大区域的划分方法，具体区域划分如表 3.2 所示。由于样本期内西藏自治区的数据大量缺失，因此在后续有关创新型人力资本的测算和实证分析中，均没有包括西藏。

表 3.2　三大区域各自包括的具体省份

序号	经济区域	省份
1	东部地区	辽宁、北京、天津、河北、山东、上海、江苏、浙江、福建、广东、海南
2	中部地区	山西、吉林、黑龙江、安徽、江西、河南、湖南、湖北

续表

序号	经济区域	省份
3	西部地区	陕西、甘肃、内蒙古、青海、宁夏、广西、四川、重庆、贵州、云南、西藏、新疆

本书后续实证部分选择的研究时期为 2001~2018 年。选择这段时期主要有三个原因：第一，按照公元纪年法，2001 年是 21 世纪的第一年，标志着一个新世纪的开端。第二，我国的社会经济发展工作主要是以五年计划（规划）的形式进行部署和推进的。2001 年恰逢我国第十个五年计划的开局年，而这个五年计划也是 21 世纪以来我国的第一个五年计划，具有重要的标志性意义。第三，研究时期截至 2018 年，其主要原因是本书在实证研究核心变量创新型人力资本质量的测算中，需要检索搜集我国各省份发布的科技论文数量，目前因《中国科技统计年鉴》及各省份的统计年鉴都没有公布 2019 年的相关数据，且 2019 年及以后的数据难以获得，因此本书的研究时期只能截至 2018 年。

3.3　创新型人力资本总体变动特征

3.3.1　创新型人力资本总体时间演变特征

创新型人力资本的测算包括创新型人力资本数量和质量两个维度，关于创新型人力资本总体时间演变特征的分析也将从这两个维度分别展开。

首先，分析创新型人力资本数量的总体时间演变特征。表 3.3 展示了用教育年限法计算的 2001~2018 年我国就业人员中创新型人力资本的数量。

表 3.3　2001~2018 年全国创新型人力资本数量变化情况

年份	大专层次创新型人力资本（万人年）	本科层次创新型人力资本（万人年）	研究生层次创新型人力资本（万人年）	创新型人力资本总量（万人年）	大专及本科所占比例（%）
2001	44770.155	16306.528	1528.7370	62605.4200	97.56
2002	47265.600	18759.680	1538.8800	67564.1600	97.72
2003	47559.720	18876.416	1548.4560	67984.5920	97.72

续表

年份	大专层次创新型人力资本（万人年）	本科层次创新型人力资本（万人年）	研究生层次创新型人力资本（万人年）	创新型人力资本总量（万人年）	大专及本科所占比例（%）
2004	53470.080	22576.256	1559.5440	77605.8800	97.99
2005	55985.250	25081.392	2037.8631	83104.5051	97.55
2006	48360.810	25192.608	3621.4374	77174.8554	95.31
2007	48582.045	25307.856	3163.4820	77053.3830	95.89
2008	49645.548	27444.8448	3332.3724	80422.7652	95.86
2009	53458.740	30331.200	3662.4924	87452.4324	95.81
2010	68494.500	45054.160	6232.9995	119781.6595	94.80
2011	87118.800	59913.280	7061.2080	154093.2880	95.42
2012	92044.800	63817.728	7731.7632	163594.2912	95.27
2013	98145.675	67739.760	8244.2367	174129.6717	95.27
2014	107767.935	76634.976	8922.7215	193325.6325	95.38
2015	106882.380	92941.200	11385.2970	211208.8770	94.61
2016	111748.320	95606.896	13037.3040	220392.5200	94.08
2017	109472.400	99379.200	13043.5200	221895.1200	94.12
2018	112887.630	105516.960	14663.7540	233068.3440	93.71

从表3.3可以看出，大专及本科层次就业人员的人力资本是我国创新型人力资本数量的构成主体。在2001～2018年，这两个层次的受教育总年限占受高等教育总年限的比例大部分年份都在95%以上，而研究生教育层次的比例在2015年才开始逐渐增加，占比开始高于5%，这表明研究生层次创新型人力资本在我国创新型人力资本中所占比重较低，高层次创新型人力资本不足仍然是我国经济社会发展面临的主要问题。该结果也说明，在政策层面，研究生教育是我国高等教育亟须加强的一个重要领域。从总体变动趋势来看（见图3.1）：①在2001～2005年，大专层次创新型人力资本缓慢增长，但在2005～2006年，出现了一个较大幅度的回落，之后又重拾上升趋势，特别是2009～2014年，该层次人力资本增长迅速；②与大专层次创新型人力资本不同的是，本科层次创新型人力资本一直在保持增加，没有出现过减少的情况，年均增长比例大约11.61%，增长速度是大专层次的两倍多；③在2001～2004年，研究生层次创新型人力资本的增长比例一直维持在0.1%左右，不过，从2005年开始，该层次人力资本开始出现明显增长，主要原因是具有研究生学历的就业人数迅速增加。在2006年，

我国研究生就业人数突破了 100 万，达到 172.4494 万人，在 2001~2018 年，研究生就业人数年均增长比例大约为 14.22%，是三个层次中增长速度最快的。

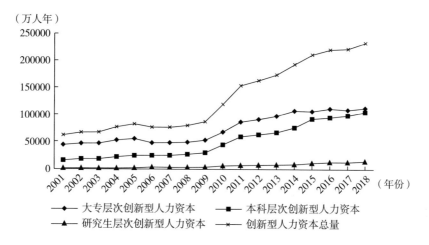

图 3.1　2001~2018 年我国创新型人力资本数量变动情况

其次，分析我国创新型人力资本质量总体时间演变特征。表 3.4 反映了 2001~2018 年我国创新型人力资本质量的变动情况。

表 3.4　2001~2018 年我国创新型人力资本质量变化情况

年份	受高等教育就业人数（万人）	国际三大检索收录科技论文数（篇）	国内三种专利授权数（项）	我国每万名受高等教育就业人员发表论文及获得专利授权数（次）
2001	4076.6320	49817	99278	36.57
2002	4396.8000	62592	112103	39.73
2003	4424.160	80563	149588	52.02
2004	5049.9520	95632	151328	48.90
2005	5396.9781	152825	171619	60.12
2006	4971.0414	171748	223860	79.58
2007	4971.1860	196629	301632	100.23
2008	5183.6904	240086	352406	114.30
2009	5634.0204	253982	501786	134.14
2010	7678.9945	320354	740620	138.17
2011	9888.7480	303246	883861	120.05

续表

年份	受高等教育就业人数（万人）	国际三大检索收录科技论文数（篇）	国内三种专利授权数（项）	我国每万名受高等教育就业人员发表论文及获得专利授权数（次）
2012	10493.1072	331395	1163226	142.44
2013	11169.3627	395121	1228413	145.36
2014	12399.1065	447162	1209402	133.60
2015	13476.4740	506654	1596977	156.10
2016	14046.1430	575494	1628881	156.94
2017	14130.4800	604709	1720828	164.58
2018	14818.92600	687764	2335411	204.01

从表 3.4 的结果不难发现，在 2001~2018 年，我国创新型人力资本质量总体上保持着上升趋势，年均增长率大约为 10.64%，并且较创新型人力资本数量的增长速度快 3% 左右，说明这一研究时段内，我国创新型人力资本的质量改善成效较大，这与创新型人力资本数量中研究生层次创新型人力资本数量快速地增加密不可分。接下来，进一步分析其变动的趋势特征，如图 3.2 所示，我国创新型人力资本质量曾出现过短暂的下降，分别是 2003~2004 年、2010~2011 年及 2013~2014 年三个时间段，特别是后两个时间段的下滑幅度比较大。另外，我国创新型人力资本质量曾出现过极其快速地增长，在 2004~2009 年，年均增长率达到了约 22.36% 的超快速度；2017~2018 年，年增长率为 23.96%。

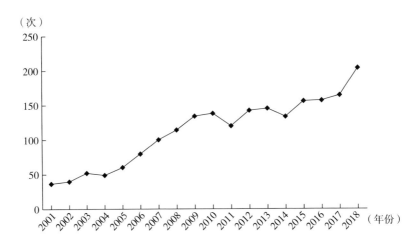

图 3.2 2001~2018 年我国创新型人力资本质量变动情况

3.3.2　创新型人力资本总体空间分布特征

笔者利用 Arcgis 绘制出了 2004 年、2011 年及 2018 年我国创新型人力资本的空间分布图①，以此为基础来分析我国创新型人力资本的总体空间分布特征。

首先，分析我国创新型人力资本数量的总体空间分布特征。我国创新型人力资本数量总体空间分布及其演进规律呈现出以下特点：一是空间分布方面，创新型人力资本数量分布的空间层级特征明显，东部地区为创新型人力资本数量分布的"核心"区域，京津冀、长三角和珠三角相较其他城市群而言在创新型人力资本数量分布方面拥有明显优势；二是动态演进方面，各省份创新型人力资本数量增加的趋势，在空间上表现为从东向西蔓延的发展趋势，但以东部沿海为分布"核心"区的现状未发生实质性变化；三是区域变动差异方面，尽管各省创新型人力资本数量都在增加，但西北地区整体仍然偏低，青海、宁夏和甘肃创新型人力资本"塌陷"现象明显。该现象表明：其一，东部地区因自身经济、基础设施建设等发展优势，对人力资本分布的吸引力远高于中西部地区；其二，我国创新型人力资本数量正在不断增加，我国的"人口红利"正在逐步转变成"人力资本红利"；其三，对于中西部地区尤其是西北的青海、宁夏和甘肃等地而言，注重创新型人力资本的积累仍然是一项艰巨的工程，在面对当前各地"抢人"政策频出的情况下，如何在注重自身创新型人力资本培养的同时，不断努力留住本地的创新型人力资本，是各地必须考虑的重点内容。

其次，分析我国创新型人力资本质量分布的空间特征。我国创新型人力资本质量的空间分布呈现出如下特征：第一，创新型人力资本质量空间层级分布明显，东部沿海地区创新型人力资本质量普遍较高，北京、广东、浙江及上海最为突出；西部地区创新型人力资本质量较东部和中部差异明显，尤其是新疆和内蒙古。第二，各省份创新型人力资本质量增加的趋势明显，整体空间内创新型人力资本质量增加表现为从腹部由东向西扩散蔓延。第三，存在人力资本数量与质量分布不匹配的现象，就新疆而言，尽管其人力资本数量比甘肃、青海、宁夏高，但其人力资本质量却低于这些地区。该现象进一步表明，我国"人力资本红利"正在逐步形成，尤其是随着创新型人力资本质量的提高，人力资本对创新与经济增长的作用将进一步凸显。另外，该现象也表明，提升人力资本质量仍然是各地区人力资本培养的重点内容，尤其是西部中的西北地区，如何提高创新型人力资本质量是其人力资本积累亟须考虑的内容。

---

① 因篇幅所限，空间分布图在书中略去。

综合上述分析，我国创新型人力资本数量和质量空间分布的差异性较大，尽管也表现出了由东向西的演化变动，但以三大区域划分的层级分布格局依然明显，区域异质性是后续研究中必须考虑的内容，基于东部、中部和西部的划分能够满足后续研究的要求。接下来，三大区域之间创新型人力资本分布的具体区域差异如何，笔者将进一步分析探讨。

3.3.3 创新型人力资本的区域差异及动态演进

本节致力于对我国创新型人力资本的区域差异进行深入研究并探讨创新型人力资本的分布动态演进问题，将从以下两个方面展开研究：一是运用 Dagum 基尼系数进行区域差异分解，揭示创新型人力资本的区域内差异及区域间差异，并分析区域间差异的变化方向、幅度；二是使用 Kernel 核密度估计对全国和三大区域创新型人力资本的分布动态演进问题进行探析，反映其内在演变的特点。

（1）创新型人力资本区域差异的分解。笔者在测算、分解创新型人力资本数量和质量的区域差异时使用了 Dagum 基尼系数，具体测算方法如下：

$$G = \frac{\sum\limits_{j}^{k} \sum\limits_{h=1}^{k} \sum\limits_{i=1}^{n_j} \sum\limits_{r}^{n_h} |y_{ji} - y_{hr}|}{2n^2 \overline{y}} \qquad (3.4)$$

其中，k 为区域个数，本书研究涉及的个数为 3；i 和 r 表示区域内省份的序号；n_j 和 n_h 分别表示 j 和 h 区域内的省份个数；y 为创新型人力资本数量或质量；n 为省份总数，本书研究涉及的省份数量为 30；$\overline{y}$ 为创新型人力资本数量或质量的均值。

Dagum 基尼系数把总的基尼系数分解为区域内差异（G_w）、区域间差异（G_{nb}）和超变密度（G_t），详细的计算公式如下：

$$G_{jj} = \frac{\frac{1}{2\overline{y}} \sum\limits_{i=1}^{n_j} \sum\limits_{r=1}^{n_j} |y_{ji} - y_{hr}|}{n_j^2} \qquad (3.5)$$

$$G_w = \sum\limits_{j=1}^{k} G_{jj} p_j s_j \qquad (3.6)$$

$$G_{jh} = \frac{\sum\limits_{i=1}^{n_j} \sum\limits_{r=1}^{n_j} |y_{ji} - y_{hr}|}{n_j n_h (\overline{y}_j - \overline{y}_h)} \qquad (3.7)$$

$$G_{nb} = \sum_{i=1}^{n_j} \sum_{r=1}^{n_j} G_{jh}(p_j s_h + p_h s_j) D_{jh} \qquad (3.8)$$

$$G_t = \sum_{i=1}^{n_j} \sum_{r=1}^{n_j} G_{jh}(p_j s_h + p_h s_j)(1 - D_{jh}) \qquad (3.9)$$

其中，$p_j = n_j/n$，$p_j = n_j \overline{y_j}/n\overline{y}$；$D_{jh}$ 表示地区 j 和地区 h 之间创新型人力资本数量或质量的相对影响，计算公式为：

$$D_{jh} = \frac{d_{jh} - p_{jh}}{d_{jh} + p_{jh}} \qquad (3.10)$$

$$d_{jh} = \int_0^\infty dF_j(y) \int_0^y (y-x) dF_h(x) \qquad (3.11)$$

$$p_{jh} = \int_0^\infty dF_h(y) \int_0^y (y-x) dF_j(x) \qquad (3.12)$$

其中，d_{jh} 为人力资本数量或质量的差值，p_{jh} 为超变一阶，F_j 和 F_h 为地区 j 和地区 h 的累积密度分函数。

笔者利用上述 Dagum 基尼系数对创新型人力资本数量和质量的区域差异进行分解，结果如图 3.3 所示。对图 3.3 的结果进行分析不难发现，在全国层面，我国创新型人力资本数量和质量的区域差异呈逐渐降低的发展趋势，创新型人力资本数量的区域差异年均下降约 0.27%，创新型人力资本质量的区域差异年均下降约 1.05%，该结果表明创新型人力资本空间分布不均衡的现状正在逐步缓解，并且质量差异层面的改变速度更快。进一步分析各阶段的变化特征，2001~2011 年，创新型人力资本数量和质量区域差异起伏不定，在波动中呈现出一定的下降趋势，而 2011 年之后，创新型人力资本数量的区域差异有所上升，而创新型人力资本质量的区域差异在稳步下降。分析其内在原因，2011 年后我国的经济新常态逐渐显现，创新驱动成为经济发展的主旋律，创新型人才的培养成为各地经济社会发展关注的首要问题。经济发达地区拥有更多的基础教育资源，不仅能够培养大批的创新型人力资本，而且吸引了其他地区创新型人力资本的流动，因而表现为创新型人力资本数量的区域差异呈扩大趋势；落后地区在努力培养创新型人力资本和留住本地创新型人力资本的同时，也在尽力与发达地区进行跨区域合作，提升自身创新型人力资本的质量水平，因而创新型人力资本质量的区域差异在逐步下降。

对表 3.5 的结果进行分析不难发现：第一，不论是东部、中部还是西部地区，创新型人力资本数量的区域内差异呈现波动下降趋势，并且西部地区下降速度最快，年均下降率约为 3.25%，东部和中部年均下降率较低，分别约为 0.82%

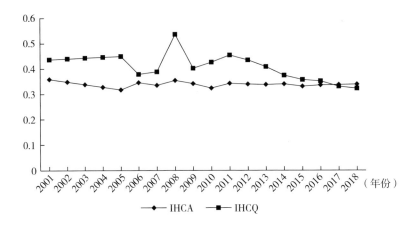

图 3.3　全国层面创新型人力资本数量（IHCA）和质量（IHCQ）基尼系数

和0.88%；第二，从区域间差异来看，东部与西部的创新型人力资本数量差异最大，而东部与中部间的差异最小；第三，东部与中部的创新型人力资本数量差异呈上升趋势，而东部与西部、中部与西部的创新型人力资本数量差异在稳步缩小，年均下降率分别约为0.57%和0.49%。该结果表明，西部创新型人力资本数量整体偏低是我国创新型人力资本数量区域间差异较大的主要原因。但是，随着"西部大开发"等区域发展战略的有效实施及西部地区在发展过程中逐渐转变观念，西部地区创新型人才培养体系逐步完善，创新型人力资本数量也在不断积累；而对于中部地区而言，该区域与东部发达地区在地理上邻近，随着东部地区经济环境水平的不断提高及高吸引力的人才引进政策的提出和实行，中部地区人力资本有进一步流出的趋势，优化地区教育、生活环境，出台更为优越的人才引进政策是中部地区留住人才，积累自身创新型人力资本数量的关键。

表 3.5　三大区域创新型人力资本数量的区域差异情况

年份	区域内			区域间		
	东	中	西	东-中	东-西	中-西
2001	0.3414	0.2249	0.4835	0.2423	0.5549	0.3599
2002	0.3179	0.2037	0.4367	0.2524	0.5208	0.3502
2003	0.2944	0.1824	0.3899	0.2624	0.4866	0.3405
2004	0.2708	0.1612	0.3431	0.2725	0.4525	0.3309
2005	0.2473	0.2400	0.2963	0.2826	0.4183	0.3212

续表

年份	区域内			区域间		
	东	中	西	东-中	东-西	中-西
2006	0.2615	0.2029	0.2913	0.2961	0.4984	0.3518
2007	0.2503	0.1723	0.2940	0.2746	0.4946	0.3535
2008	0.3036	0.1628	0.2739	0.3009	0.5134	0.3549
2009	0.2025	0.1948	0.3053	0.2992	0.5179	0.3549
2010	0.2563	0.1940	0.2782	0.2869	0.4573	0.3096
2011	0.2599	0.2580	0.2874	0.3073	0.4634	0.3501
2012	0.2571	0.2372	0.2893	0.3025	0.4685	0.3406
2013	0.2539	0.2306	0.2924	0.3014	0.4703	0.3318
2014	0.2462	0.2460	0.2913	0.3011	0.4751	0.3440
2015	0.2449	0.2069	0.2823	0.2835	0.4770	0.3346
2016	0.2570	0.2164	0.2818	0.2958	0.4743	0.3311
2017	0.2588	0.2096	0.2779	0.3098	0.4765	0.3119
2018	0.2586	0.2095	0.2661	0.3038	0.4864	0.3223

对表3.6的测算结果进行分析不难发现，三大区域层面创新型人力资本质量的区域内差异和区域间差异呈现出两大特征：一是三大区域中，西部地区创新型人力资本质量的区域内差异最大，东部次之，中部最小。2001~2018年三大区域创新型人力资本质量的区域内差异均在逐步缩小，其中，中部地区缩小的速度较快，年均下降速度约为3.96%；西部次之，年均下降速度约为1.66%。2008年及以后，中部地区创新型人力资本质量的区域内差异显著小于东部和西部地区。二是在三大区域间，创新型人力资本质量的区域间差异排在首位的是东部和西部，其次是东部与中部，排在最后的是中部与西部；并且从变动趋势来看，东部与中部的创新型人力资本质量差异下降速度最快，年均下降速度约为1.63%；中部与西部间次之，年均下降速度约为1.38%；东部与西部间最小，年均下降速度约为0.06%。该结果表明，从质量层面来看，西部和中部的创新型人力资本质量与东部仍具有较大的发展差距，但随着"西部大开发""中部崛起"等战略的实施及国家创新驱动战略的提出和实行，各地区都更加注重人才的培养和创新型人力资本的积累，尽管中部地区人才流失现象明显，但其创新型人力资本质量的提高速度较为可观，有助于推动区域经济高质量发展。

表 3.6　三大区域创新型人力资本质量的区域差异情况

年份	区域内			区域间		
	东	中	西	东–中	东–西	中–西
2001	0.3623	0.3812	0.4110	0.5087	0.4642	0.3604
2002	0.3594	0.3630	0.4212	0.4885	0.4904	0.3792
2003	0.3564	0.3449	0.4315	0.4684	0.5166	0.3980
2004	0.3534	0.3268	0.4417	0.4483	0.5428	0.4168
2005	0.3505	0.3087	0.4519	0.4282	0.5690	0.4356
2006	0.2643	0.2670	0.4183	0.3714	0.4727	0.3753
2007	0.2743	0.2450	0.4187	0.3918	0.4917	0.3665
2008	0.5216	0.2261	0.4313	0.5690	0.6369	0.3730
2009	0.3479	0.2067	0.3829	0.4112	0.5033	0.3373
2010	0.3306	0.1744	0.4112	0.4351	0.5582	0.3681
2011	0.3788	0.2493	0.4115	0.4492	0.5869	0.3920
2012	0.3876	0.2583	0.3992	0.4170	0.5496	0.3840
2013	0.3537	0.2378	0.3821	0.4018	0.5194	0.3504
2014	0.3354	0.1709	0.3572	0.3665	0.4841	0.3126
2015	0.3006	0.1388	0.3605	0.3661	0.4507	0.3086
2016	0.2857	0.1586	0.3793	0.3408	0.4426	0.3308
2017	0.2804	0.1592	0.3170	0.3255	0.4312	0.2860
2018	0.2750	0.1603	0.2993	0.3303	0.4152	0.2708

（2）创新型人力资本空间分布的动态演进。笔者采用 Kernel 核密度估计对创新型人力资本的空间分布动态演进问题进行探析，估计方法如下：

假设 D_1，D_2，$\cdots$，D_n 是第 1 到第 n 个省份的创新型人力资本数量或质量随机变量，且各随机变量之间满足独立同分布，$f(x)$ 为 D 的概率密度函数，则各省份的创新型人力资本数量或质量密度函数可估计为：

$$f(x) = \frac{1}{nh} \sum_{i=1}^{n} K\left(\frac{D_i - d}{h}\right) \tag{3.13}$$

式（3.13）中，n 是样本个数，d 为均值，h 为带宽，$K(\cdot)$ 为核密度函数，本书的研究采用高斯核密度函数，具体公式为：

$$K(d) = \frac{1}{\sqrt{2\pi}} exp\left(-\frac{d^2}{2}\right) \tag{3.14}$$

  笔者利用 Kernel 核密度估计对全国层面及三大区域创新型人力资本数量和质量空间分布的动态演进规律进行估计分析，结果如图 3.4 和图 3.5 所示。

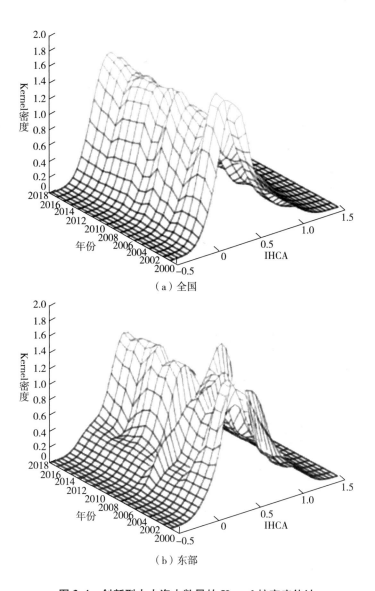

（a）全国

（b）东部

图 3.4 创新型人力资本数量的 Kernel 核密度估计

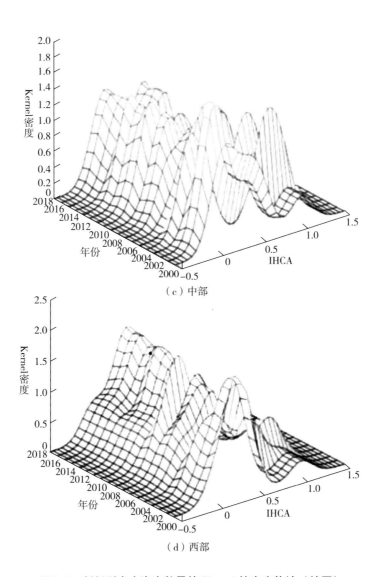

图 3.4　创新型人力资本数量的 **Kernel** 核密度估计（续图）

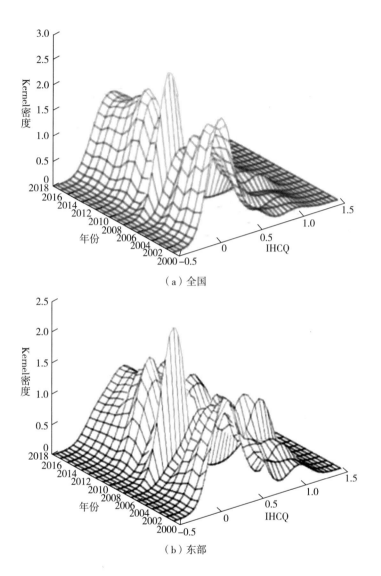

（a）全国

（b）东部

图 3.5 创新型人力资本质量的 Kernel 核密度估计

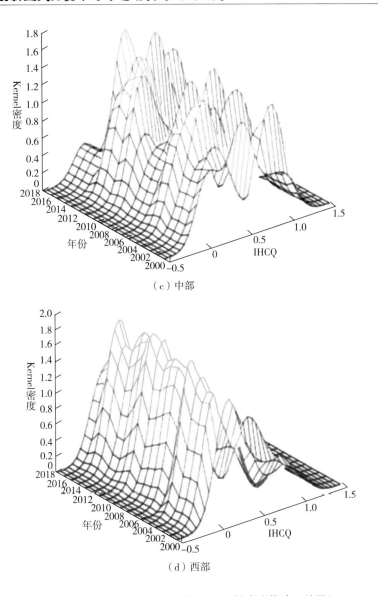

（c）中部

（d）西部

图 3.5　创新型人力资本质量的 Kernel 核密度估计（续图）

对图 3.4 的结果进行分析。图 3.4（a）显示，全国层面创新型人力资本数量的核密度曲线表现出整体偏左的趋势，表明我国创新型人力资本数量仍然处于较低的水平，未来不论是全国层面还是各地区层面，都要注重创新型人力资本数量的积累。从主峰分布形态来看，主峰高度尖顶状态明显，表明我国人力资本数量的区域差异较大，极化现象明显。虽然在 2000～2018 年极化程度略有下降，但极化现象仍然明显，说明我国创新型人力资本数量的区域差异下降程度较低，极化程度未发生明显转变。从拖尾性来看，图 3.4（a）呈现出了一定的右拖尾现象，表明省际层面存在某一省份创新型人力资本数量明显高于其他省份的情况。图 3.4（b）显示，东部地区创新型人力资本数量核密度曲线没有明显的偏态，未来可能进一步处于上行发展阶段，并且其主峰形态高度逐渐减小、宽度逐渐增加，表明东部地区创新型人力资本数量的区域差异正在稳步降低。从拖尾性来看，东部地区创新型人力资本数量核密度曲线存在一定的左拖尾现象，表明东部地区内部存在某一省份创新型人力资本明显低于其他省份的情况。图 3.4（c）显示，中部地区创新型人力资本数量的核密度曲线呈现一定的偏左态势，表明中部地区人力资本数量积累水平仍然较低，同时其主峰高度整体表现为下降趋势，但波动明显，表明其创新型人力资本数量的区域差异并不是稳定下降，而是存在较大波动。另外，在研究期内出现了多个波峰，表明中部地区创新型人力资本数量分布存在多极分化现象，同时，也存在明显的右拖尾现象。图 3.4（d）显示，西部地区创新型人力资本数量的核密度曲线同样拥有一定的偏左态势，并且其主峰高度在波动中出现下降趋势，主峰宽度不断增加，表明西部地区创新型人力资本数量积累水平较低，但区域内差异正在逐步缩小。此外，也存在明显的右拖尾现象。综合全国、东部、中部和西部密度图的呈现结果，我国创新型人力资本数量在分布上表现出东部为"高"点、西部"凹陷"的特点，两极分化现象明显，并且在东部、中部、西部内部，也呈现出了向部分地区进一步集聚的演化趋势。

对图 3.5 显示的结果进行分析。首先，从分布位置来看，全国层面［图3.5（a）］和西部地区［图 3.5（d）］创新型人力资本质量的核密度曲线整体偏左态势明显，表明从全国层面来看，我国创新型人力资本质量水平仍然较低；从地区层面来看，西部地区创新型人力资本质量水平较低，也是造成我国整体创新型人力资本质量水平较低的重要原因。其次，从主峰形态来看，在全国层面，主峰尖顶状态明显，表明我国创新型人力资本质量的两极分化现象明显，存在较大的区域差异，而区域层面，中部地区尖顶现象较东、西部弱，表明西部地区人力资本质量的区域差异较小。另外，从时间维度来看，不论是全国层面还是三大区域层面，主峰高度在整体上均呈现出下降趋势，主峰宽度在全国层面、东部及中部地区增加趋势明显，表明我国创新型人力资本质量的区域差异正在逐步缩小，区域间和区域内两极分化现象均在减弱。从拖尾性来看，全国层面和西部地区右拖尾现象明显，表明存在某些省份创新型人力资本质量明显高于其他省份的现象，而在东部和中部地区，则存在一定的左拖尾现象，表明在东部和中部地区，存在某些省份创新型人力资本质量明显低于其他省份的现象。最后，从波峰数目来看，东部地区和中部地区在研究时段内，创新型人力资本质量的核密度函数存在多个波峰，表明其区域内部创新型人力资本质量多极化的现象明显。

本章小结

本章在总结国内外创新型人力资本测度方法的基础上，借鉴并改进了创新型人力资本数量和质量的测算方法，对我国省际层面创新型人力资本数量和质量的发展水平进行测度，进一步利用空间统计技术、Dagum 基尼系数和 Kernel 密度函数对我国全国层面、三大区域层面创新型人力资本数量和质量的空间分布特征、区域差异特征及空间分布动态演进特征进行了分析。本章的研究为后续创新型人力资本绿色增长效应的探索奠定了数据基础，也是了解我国创新型人力资本发展现状、空间分布及空间特性发展变化情况的关键内容。

本章的研究发现：第一，2001~2018 年我国创新型人力资本的质量改善成效较大，创新型人力资本数量和质量总体上保持着较大的上升趋势。大专及本科层次就业人员的人力资本是我国创新型人力资本数量的构成主体，在研究期内，这两个层次的受教育总年限占受高等教育总年限的比例大部分年份都在 95% 以上，而研究生教育层次创新型人力资本的比例在 2015 年才开始逐渐增加，占比开始高于 5%。第二，我国创新型人力资本数量和质量总体空间分布重心明显偏东，长三角和珠三角是创新型人力资本分布的重点区域，尽管当前各省创新型人力资本数量增加、从东向西蔓延的发展趋势明显，但西北地区整体仍然偏低，青海、宁夏和甘肃创新型人力资本数量 "塌陷" 现象明显，新疆人力资本数量较大但质量较低。第三，全国层面我国创新型人力资本数量和质量的区域差异呈降低的发展趋势，并且质量差异层面的改变速度更快。在三大区域层面，创新型人力资本数量的区域内差异呈现下降的发展趋势，并且西部地区下降速度最快。而从区域间差异来看，东部与西部的创新型人力资本数量差异最大，而东部与中部间的差异最小，并且东部与中部的创新型人力资本数量差异有上升发展态势。在创新型人力资本质量方面，西部区域内的差异最大，东部次之，中部最小；比较区域间的质量差异，东部与西部最大，东部与中部次之，中部与西部最小，并且从变动趋势来看均呈现出下降趋势，其中东部与中部的创新型人力资本质量差异下降速度最快。第四,除东部外,我国创新型人力资本数量和质量的整体发展水平仍然偏低,但不论是全国层面还是三大区域层面,创新型人力资本数量和质量空间分布的差异正在逐步缩小,东部地区和中部地区创新型人力资本数量和质量空间分布的多极化现象明显。

4 创新型人力资本影响绿色增长的实证分析

第 2 章的理论分析表明，创新型人力资本可通过直接和间接两条路径影响区域绿色增长，并且创新型人力资本对绿色增长的影响存在空间溢出效应机制。然而，我国创新型人力资本影响绿色增长的实际情况如何？其直接、间接作用机制，空间溢出效应机制是否存在？这些问题都有待于进一步检验。本章旨在第 2 章创新型人力资本影响绿色增长机制分析及第 3 章创新型人力资本测算分析的基础上，设计相关计量模型，对创新型人力资本影响绿色增长的实际情况与内在机制进行实证检验。

4.1 模型设定、变量及数据说明

4.1.1 空间计量模型设定

前文关于创新型人力资本空间分布特征的分析表明，创新型人力资本等要素空间差异现象普遍存在，主流经济学理论空间均质性及空间事物发展无关联假定的局限性，以及忽略空间效应的经典线性回归模型与最小二乘估计（OLS）得出的研究结论缺乏说服力，采用包含空间属性的实证模型进行研究更符合实际需要。鉴于此，笔者将设计空间计量模型进行实证分析。

近年来，空间计量分析技术也得到了长足的进展。以往，对空间计量模拟的应用大多聚焦于空间滞后模型（SLM）和空间误差模型（SEM），分别考虑了被解释变量和误差项的空间自相关性（李婧等，2010）。在空间传导机制上，SLM

...

...

仅包含了被解释变量的空间滞后项，该模型假定空间相互作用来自被解释变量；在 SEM 中，空间相互作用仅包含于误差项之中，该模型认为空间交互作用来源于随机误差的冲击。然而，现实中，空间效应的传导可能同时体现在上述两种情况之中，此时仅包含被解释变量和仅包含误差项空间交互作用的模型难以适用。鉴于此，LeSage 和 Pace（2009）将上述两种机制融入同一模型，构造了空间杜宾模型（SDM）和空间自回归模型（SAC），并且 SDM 还考虑了解释变量的空间交互作用，即一个地区的绿色增长水平不仅受本地区自变量的影响，还会受到其他地区绿色增长水平和自变量的影响。

前文理论分析显示，创新型人力资本可以直接影响绿色增长，也可通过影响技术进步对绿色增长产生作用，并且存在创新型人力资本影响绿色增长的空间溢出效应，也即模型的设定中需要考虑自变量创新型人力资本的空间属性作用，故应建立空间杜宾模型。因此，为检验创新型人力资本影响绿色增长的实际情况，笔者建立如下空间杜宾模型：

$$GG_{i,t} = \rho W \times GG_{i,t} + \theta_1 \times IHC_{i,t} + \theta_2 W \times IHC_{i,t} + \sum_j \beta_j x_{jit} + \sum_j \gamma_j W \times x_{jit} + u_{i,t} \qquad (4.1)$$

模型（4.1）中，$GG_{i,t}$ 表示 i 地区 t 年的绿色增长水平；$IHC_{i,t}$ 表示 i 地区 t 年的创新型人力资本水平；x_{jit} 为一系列控制变量；W 为空间权重；ρ、θ、γ 为变量估计参数；$u_{i,t}$ 为随机误差项。

为检验创新型人力资本通过影响技术进步或技术创新，进而推动绿色增长的内在机制，笔者在模型（4.1）的基础上，加入了创新型人力资本与技术创新的交互项，具体为：

$$GG_{i,t} = \rho W \times GG_{i,t} + \theta_1 \times IHC_{i,t} + \theta_2 W \times IHC_{i,t} + \theta_3 \times TEC_{i,t} + \theta_4 W \times TEC_{i,t} +$$
$$\theta_5 IHC_{i,t} \times TEC_{i,t} + \theta_6 WIHC_{i,t} \times TEC_{i,t} \sum_j \beta_j x_{jit} + \sum_j \gamma_j W \times x_{jit} + u_{i,t} \qquad (4.2)$$

式（4.2）中，$TEC_{i,t}$ 表示 i 地区 t 年技术创新水平，其余变量含义同模型（4.1）。

另外，尽管模型（4.1）包含因变量绿色增长水平和自变量创新型人力资本的空间滞后项，但此时自变量空间滞后项并不能准确反映创新型人力资本影响绿色发展的空间溢出效应，需要进一步将模型（4.1）自变量对因变量的影响分解为三种效应：直接效应、间接效应和总效应。其中，直接效应反映了本地解释变量对本地被解释变量的平均作用效应；间接效应也被称为空间溢出效应，着重体现了其他地区的解释变量对本地被解释变量的作用；总效应是直接效应和间接效应的综合，反映了所有地区解释变量对本地被解释变量的平均作用效应。具体分解过程为：

将模型（4.1）表示为如下形式：

$$Y = \rho WY + X\beta + \theta WX + \alpha l_n + \varepsilon \tag{4.3}$$

参照 Lesage 和 Pace（2009）的方法，可对上述模型的总效应分解为反映对本地平均影响的直接效应和反映对其他地区平均影响的间接效应，具体为：

$$Y = (1-\rho W)^{-1}\alpha l_n + (1-\rho W)^{-1}(X\beta + \theta WX) + (1-\rho W)^{-1}\varepsilon \tag{4.4}$$

整理可得到：$Y = \sum_{r=1}^{k} S_r(W)x_r + V(W)l_n\alpha + V(W)\varepsilon \tag{4.5}$

其中，$S_r(W) = V(W)(I_n\beta + W\theta_r)$，$V(W) = (1-\rho W)^{-1}$，$I_n$ 为 n 阶单位矩阵。进一步转换成矩阵形式为：

$$\begin{bmatrix} y_1 \\ y_2 \\ \vdots \\ y_n \end{bmatrix} = \sum_{r=1}^{k} \begin{bmatrix} S_r(W)_{11} & S_r(W)_{12} & \cdots & S_r(W)_{1n} \\ S_r(W)_{21} & S_r(W)_{22} & \cdots & S_r(W)_{2n} \\ \vdots & \vdots & \cdots & \vdots \\ S_r(W)_{n1} & S_r(W)_{n2} & \cdots & S_r(W)_{nn} \end{bmatrix} \begin{bmatrix} x_1 \\ x_2 \\ \vdots \\ x_n \end{bmatrix} + V(W)\varepsilon \tag{4.6}$$

式（4.6）等号右侧的第一个矩阵即为 Lesage 和 Pace（2009）提出的偏微分矩阵，它的对角线上的元素反映了特定空间单元里 x_i 变量的变化对本单元因变量造成的平均影响，即直接效应；非对角线上的元素反映了特定空间单元里 x_i 变量的变化对其他单元因变量造成的平均影响，即间接效应，是自变量影响空间溢出效应的表征。总效应（ATI）、直接效应（ADI）和间接效应（AII）可分别记为：

$$ATI = n^{-1}I_n S_r(W)I_n,\ ADI = n^{-1}I_n tr(S_r(W)),\ AII = ATI - ADI \tag{4.7}$$

4.1.2 用于空间计量分析的变量选择

4.1.2.1 被解释变量

绿色增长水平是本章实证研究的被解释变量。考虑绿色增长是在经济发展与自然资源、生态环境相矛盾的背景下提出的，其主要目的在于实现经济增长与资源、环境的协调，不仅是一个动态的过程，而且涉及了资源、环境、经济、社会等多个复杂系统（刘宇峰等，2022），笔者在借鉴武春友等（2017）、杨子晖和田磊（2017）研究的基础上，构建了包含如下系统的绿色增长指标评价体系：

（1）社会经济系统。社会经济投入和产出是社会进步和民生改善的物质基础，因此是绿色增长不可或缺的要素与衡量指标，另外值得注意的是，具有较强包容性的绿色增长社会必须考虑"人"在整个系统中的作用，因此笔者选取了人均 GDP、人口自然增长率、第三产业占 GDP 比重和全社会固定资产投资作为社会经济系统具体评价指标。

（2）生态环境。生态环境保护是绿色增长的本质要求，是区域绿色生产过程产出的重要体现，因此是绿色增长评价的核心内容之一。笔者具体选取了二氧化碳排放量、化学需氧排放量、废水排放量和单位 GDP 电力消耗 4 个评价指标。

（3）自然资产。自然资产反映了区域绿色增长承载力的禀赋情况，体现了环境自我保护的特殊功能，是区域绿色增长的基石。笔者具体选取了人均水资源量、自然保护区个数、森林覆盖率和煤炭储蓄量 4 个评价指标。

（4）生活质量。生活质量是绿色增长的价值取向和福利效应体现，是"以人为本"发展理念的重要体现，因此是绿色增长评价的另一个核心所在。笔者具体选取生活垃圾无公害处理率、每万人拥有医疗机构床位数、互联网普及率和城市人均绿地面积 4 个指标反映生活质量。

（5）政策支持。政策支持是绿色增长的重要动力和保障，笔者选取了研发经费支出占政府财政支出比重等为具体评价指标，如表 4.1 所示。

表 4.1　绿色增长水平评价指标体系

系统层	指标层	指标属性	权重
社会经济系统	人均 GDP	正向指标	0.0294
	人口自然增长率	正向指标	0.0605
	第三产业占 GDP 比重	正向指标	0.0403
	全社会固定资产投资	正向指标	0.0391
生态环境	二氧化碳排放量	负向指标	0.0162
	化学需氧排放量	负向指标	0.0267
	废水排放量	负向指标	0.0608
	单位 GDP 电力消耗	负向指标	0.0089
自然资产	人均水资源量	正向指标	0.1084
	自然保护区个数	正向指标	0.0406
	森林覆盖率	正向指标	0.0727
	煤炭储存量	正向指标	0.0264
生活质量	生活垃圾无公害处理率	正向指标	0.0267
	每万人拥有医疗机构床位数	正向指标	0.0194
	互联网普及率	正向指标	0.0201
	城市人均绿地面积	正向指标	0.0265

续表

系统层	指标层	指标属性	权重
政策支持	研发经费支出占政府财政支出比重	正向指标	0.089
	工业污染治理投资额	正向指标	0.0876
	森林虫害防治面积	正向指标	0.0948
	当年人工造林面积	正向指标	0.1059

笔者采用能够以面板数据为基础进行综合评价的纵横向拉开档次法测算分析各地区绿色发展水平：

对于本研究涉及的 30 个省级行政区域 p_1，p_2，…，p_{30} 的 m 个评价指标 x_1，x_2，…，x_m，假设均已按时间 t_1，t_2，…，t_T 构成面板数据 $\{x_{ij}(t_k)\}$，则可取综合评价函数为：$y_i(t_k) = \sum_{j=1}^{m} \omega_j r_{ij}(t_k)$。其中，确定指标 j 的权重 ω_j 是正确分析评价结果的重点。在得到标准化数据的基础上[①]，可得到总离差平方和 $\delta^2 = \sum_{k=1}^{T} \sum_{i=1}^{n}$ $\left\{ y_i(t_k) - \dfrac{1}{T} \sum_{k=1}^{T} \left[\dfrac{1}{n} \sum_{i=1}^{n} \sum_{j=1}^{m} \omega_j r_{ij}(t_k) \right] \right\}^2$，从而反映出各区域在面板数据表中的整体差异。

由于 $r_{ij}(t_k)$ 是对原始数据标准化后的指标值，故总离差平方和可变为：

$$\delta^2 = \sum_{k=1}^{T} \sum_{i=1}^{n} (y_i(t_k))^2 = \omega^\tau \sum_{k=1}^{T} A_k \omega = \omega^\tau A \omega \qquad (4.8)$$

式（4.8）中，$\omega = (\omega_1, \omega_2, \cdots, \omega_m)^\tau$；令 $A = \sum A_k$ 为 $m \times m$ 阶对称矩阵，且 $A_k = R_k^\tau R_k$，（$k = 1, 2, \cdots, T$）。进一步地，若令 $\omega^\tau \omega = 1$，于是，ω_j 可以表示为矩阵 A 的最大特征值对应的特征向量[②]，此时 δ^2 有最大值，且满足 $\dfrac{max}{\|\omega = 1\|} \omega^\tau A \omega = \lambda_{max}(A)$。笔者利用该方法测得的各个指标的权重结果如前面的表 4.1 所示。进一步，各省份的绿色增长水平指数 I_{it} 为：

$$I_{it} = \sum_{s=1}^{q} o_s \sum_{it}^{m} r_{ijt} \times \omega_j \qquad (4.9)$$

式（4.9）中，$I_{it} \in [0, 1]$，其值越大表明绿色增长水平越高；q 代表分项指

---

① 标准化处理方法为：正向指标 $r_{it}(t_k) = \dfrac{x_{ij}(t_k) - x_j^{min}}{(x_j^{max} - x_j^{min})}$，负向指标 $r_{ij}(t_k) = \dfrac{x_j^{max} - x_{ij}(t_k)}{(x_j^{max} - x_j^{min})}$。

② 归一化后的特征向量即为所求权重。

标的个数；m 代表基础指标的个数；o_s 代表第 s 个分项指标的权重，$\sum\limits_{s=1}^{q} o_s = 1$；$\omega_j$ 为第 j 个基础指标的权重，$\sum\limits_{it}^{k} \omega_j = 1$；$r_{ijt}$ 代表第 s 个分项指标中第 j 个基础指标在第 t 年标准化后的指标值。

4.1.2.2 核心解释变量

创新型人力资本水平是本研究的核心解释变量，包括创新型人力资本数量（*IHCA*）和创新型人力资本质量（*IHCQ*）两方面的内容。其测度方法在第 3 章已进行了详细的介绍，此处不再赘述。

4.1.2.3 机制变量

前文理论分析显示，创新型人力资本可通过影响区域技术创新进而影响区域绿色增长，因此技术创新（*TEC*）是本书实证研究的机制变量。对于该变量，相关衡量指标较多，包括专利数量指标、新产品销售收入、技术市场合同成交额等，分析其内在含义，创新活动的中间产出通常用专利授权数来衡量，而创新活动的最终产出通常用新产品销售收入、技术市场合同成交金额来衡量。在本书的研究中，技术创新是创新型人力资本知识和智慧的产物，并且，考虑到创新型人力资本质量的测算中包含专利数据，因此笔者采用新产品销售收入作为技术创新的具体衡量指标。

4.1.2.4 控制变量

影响区域绿色增长的因素较多，本研究所关心的是创新型人力资本这一核心要素，为准确反映这一因素的作用，防止遗漏重要解释变量造成的模型估计偏误，综合相关研究经验，笔者选取了如下控制变量：

一是产业结构（*IND_S*）。产业结构优化是推动绿色增长的重要渠道，过去我国倚重于重工业的经济发展模式造成环境出现了程度较重的污染，并且消耗了大量能源，不利于绿色发展和区域绿色增长水平的提升。随着我国"去产能""调结构"等一系列经济发展战略的提出，我国产业结构也在不断优化调整，对于区域绿色增长意义重大。笔者采用工业增加值占 GDP 的比重为产业结构的具体衡量指标。

二是外商直接投资（*FDI*）。外商直接投资不仅可以为区域绿色增长提供重要的资金来源，而且能够为区域技术、管理水平提升产生溢出效应，因而是影响绿色增长的重要因素。但值得注意的是，"污染天堂"假说指出，发展中国家或地区在经济追赶阶段，为了加快经济发展速度，倾向于制定宽松的环境制度来引进外资，经济发达的国家或地区也有意将自身污染较大的产业转移至欠发达国家或地区，因此这种 FDI 的流入使得欠发达地区成为"污染避难所"，不利于其绿色增长。有研究显示，"污染天堂"假说存在于我国部分省份（姚洋和崔静远，2015）。对该控制变量，笔者以外商实际投资额作为具体衡量指标，并按每年平均汇率将美元折算为人民币，再以 2004 年作为基期换算出实际值。

三是市场化水平（MD）。一地区的市场化水平越高，表明该地区经济体的活力越大，越有利于实现资源的优化配置和绿色增长（韩晶等，2017）。另外，市场化水平越高，越有利于降低企业生产资料和产品的交易成本，刺激企业进行创新活动，进而影响区域绿色增长。对于市场化水平，笔者以王小鲁等（2021）编制的市场化指数作为具体衡量指标。

4.1.2.5 空间权重

空间权重 W，反映的是绿色生产活动在邻近地区之间的空间关联关系，包括邻接权重、距离权重、经济权重、综合权重等。一方面，绿色生产活动的空间效应不仅存在于邻近地区之间，还存在于地理距离较近的区域之间，并且呈现出随距离增加而衰减的空间关联关系；另一方面，一地区与所有相邻的地区之间的关联关系并不是完全相同的，存在地理距离之间的远近之分。基于此，考虑本研究的被解释变量是绿色增长水平，其测度中包含区域经济发展水平（人均 GDP、产业结构等），在空间权重中进一步考虑区域间经济距离，难以保证空间权重的外生性，容易出现模型的估计偏误，故笔者选取 queen 邻接权重和空间距离权重反映空间效应：

$$\text{queen 邻接权重为：} W_{ij}^{0\sim1} = \begin{cases} 1, & i \text{ 与 } j \text{ 相邻} \\ 0, & i \text{ 与 } j \text{ 不相邻或属于同一区域} \end{cases} \quad (4.10)$$

$$\text{距离权重为：} W_{ij}^{d} = \begin{cases} \dfrac{1}{d_{ij}}, & i \neq j \\ 0, & i = j \end{cases} \quad (4.11)$$

4.1.3 数据来源说明

在本章实证研究中，人均 GDP、人口自然增长率、第三产业占 GDP 比重、全社会固定资产投资、单位 GDP 电力消耗、每万人拥有医疗机构床位数、城市人均绿地面积、工业污染治理投资、森林害虫防治面积、当年人工造林面积，以及工业产值占 GDP 比重等指标的相关数据来源于国家统计局网站和《中国统计年鉴》；人均水资源量、自然保护区个数、森林覆盖面积和煤炭储存量等指标的数据来源于《中国能源统计年鉴》；生活无公害垃圾处理率、二氧化碳排放量、化学需氧排放量、废水排放量等指标的数据来源于《中国环境统计年鉴》；研发经费支出占政府财政支出比重等指标的相关数据来源于《中国科技统计年鉴》和国家统计局网站；外商直接投资相关数据来源于《中国贸易外经统计年鉴》。上述指标中个别省份部分缺失数据通过查阅各省份统计年鉴进行了填补。考虑数据的可得性和连续性，笔者以 2004~2018 年 30 个省份数据为研究样本。其中，全社会固定资产投资借鉴张军和章元（2003）的研究，以 2000 年为基期，利用永续盘存法计算得到；人均 GDP 也是用 2000 年作为基期换算成实际值。表 4.2 列出了各变量的描述性统计。

表 4.2　变量的描述性统计

变量	观测数	均值	标准差	最小值	最大值
GG	450	0.4430	0.0611	0.3074	0.6031
IHCA（万人年）	450	0.5064	0.4032	0.0274	2.1856
IHCQ（次）	450	0.0946	0.0867	0.0054	1.0314
IND_S	450	36.7168	8.5079	11.7465	57.3781
lnFDI	450	12.4205	1.7113	6.1003	16.4903
MD	450	6.5150	1.8982	2.3300	11.7100

4.2　对绿色增长影响的实证结果分析

4.2.1　空间相关性检验

本书所设定模型为面板空间计量模型，在进行实证模型估计之前，首先需要对变量的空间相关性进行检验，一是分析变量的空间属性，二是确定本书设定空间计量模型的合理性。用于检验空间相关性的方法比较多，常见的有莫兰指数、Geary 指数及 Getis-Ord 指数等，其中被广泛使用的是莫兰指数（Moran's I），分为全局 Moran's I 和局部 Moran's I，可分别反映研究变量的全局空间相关性和局部空间关联关系。

全局 Moran's I 计算公式为：

$$I = \frac{n}{S_0} \times \frac{\sum\limits_{i=1}^{n} \sum\limits_{j=1}^{n} w_{ij}(y_i - \overline{y})(y_j - \overline{y})}{\sum\limits_{i=1}^{n} (y_i - \overline{y})^2} \tag{4.12}$$

其中，$S_0 = \sum\limits_{i=1}^{n} \sum\limits_{j=1}^{n} w_{ij}$，$n$ 为空间单元总个数，y_i 和 y_j 分别表示第 i 个空间单元和第 j 个空间单元研究变量的值，$\overline{y}$ 为所有空间单元研究变量的均值，w_{ij} 为空间权重值。Moran's I 指数一般在 -1 到 1 之间，大于 0 表示存在正相关关系，变量呈现空间集聚特征；小于 0 表示存在负相关关系，变量呈现空间发散特征；等于 0 即不存在空间相关性，表明变量的空间分布是随机的。

局部 Moran's I 的计算公式为：

$$Local\ Moran's\ I = \frac{(x_i - \overline{x})}{S^2} \sum\limits_{j=1}^{n} w_{ij}(x_j - \overline{x}) \tag{4.13}$$

其中，$s^2 = \dfrac{\sum\limits_{i=1}^{n} (x_i - \overline{x})^2}{n}$ 为样本方差。局部 Moran's I 大于 0 表示某区域研究变量与附近地区研究变量呈现出"高—高（H–H）"或"低—低（L–L）"空间关联关系；小于 0 则表示某区域研究变量与附近地区研究变量呈现出"高—低（H–L）"或"低—高（L–H）"空间关联关系。

在两种权重下，分别对绿色增长水平和创新型人力资本的空间相关性进行检验，计算其全局 Moran's I 值，如表 4.3 所示。分析表 4.3 所显示的结果可知：第一，绿色增长水平在距离权重下呈现出由负变正，且显著性水平逐渐提升的变化规律；在邻接权重下，其显著性水平同样经历了由不显著到逐渐显著且增强的变化趋势。该结果表明，我国绿色增长水平存在显著的空间相关性，且随着近年来创新驱动、经济高质量发展及绿色发展理念的提出和实行，我国绿色增长水平在不断提升的同时其空间相关性也在逐步增加。第二，不论是在距离权重还是在邻接权重下，创新型人力资本数量和质量都显现出了较强的空间相关性，并且距离权重下创新型人力资本质量和数量的空间相关性更加显著，这与创新型人力资本以"人"为载体，自身活动空间范围较广有关。与此同时，邻接权重下创新型人力资本数量和质量的空间相关性更大，这表明距离越近，创新型人力资本的互动性越强。第三，被解释变量和核心解释变量都存在显著的空间相关性。笔者以空间面板计量模型为实证研究基础的设计具有较强的合理性，可进行进一步的分析研究。

表4.3　空间相关性检验结果

年份	W_{ij}^d			$W_{ij}^{0 \sim 1}$		
	GG	IHCA	IHCQ	GG	IHCA	IHCQ
2004	−0.043 (−0.256)	0.029** (1.778)	0.026** (1.713)	0.027 (0.562)	0.116 (1.265)	0.046 (0.687)
2005	−0.021 (0.037)	0.048** (2.290)	0.021* (1.593)	0.098 (1.113)	0.152* (1.553)	0.027 (0.533)
2006	−0.010 (0.691)	0.063*** (2.681)	0.045** (2.209)	0.135* (1.422)	0.130* (1.368)	0.019 (0.446)
2007	−0.008 (0.729)	0.056*** (2.505)	0.059*** (2.598)	0.149* (1.546)	0.068 (0.858)	0.095 (1.082)
2008	−0.004 (0.861)	0.012* (1.303)	0.019*** (3.058)	0.188** (1.875)	−0.021 (0.116)	0.107*** (2.492)
2009	0.002 (1.036)	0.076*** (3.021)	0.047*** (2.338)	0.188** (1.879)	0.151* (1.532)	0.111* (1.263)
2010	0.011* (1.272)	0.050*** (2.361)	0.082*** (3.282)	0.207** (2.024)	0.128* (1.365)	0.199** (1.991)
2011	0.023* (1.602)	0.049*** (2.317)	0.096*** (3.811)	0.231** (2.242)	0.146* (1.516)	0.241*** (2.440)
2012	0.029** (1.782)	0.063*** (2.723)	0.048*** (2.482)	0.260*** (2.484)	0.201** (1.973)	0.099 (1.212)
2013	0.034** (1.909)	0.061*** (2.664)	0.074*** (3.130)	0.256*** (2.456)	0.176** (1.778)	0.173** (1.802)
2014	0.038** (2.052)	0.073*** (2.986)	0.054*** (2.292)	0.265*** (2.547)	0.218** (2.116)	0.119* (1.311)
2015	0.044** (2.191)	0.079*** (3.140)	0.045** (2.217)	0.306*** (2.863)	0.223** (2.157)	0.131* (1.396)
2016	0.063*** (2.726)	0.068*** (2.849)	0.042** (2.122)	0.269*** (2.549)	0.185** (1.842)	0.134* (1.410)
2017	0.077*** (3.117)	0.063*** (2.731)	0.044** (2.196)	0.324*** (3.025)	0.166** (1.684)	0.116* (1.272)
2018	0.086*** (3.353)	0.073*** (3.010)	0.044** (2.183)	0.438*** (3.955)	0.185** (1.855)	0.129* (1.373)

注："*""**""***"分别表示在10%、5%和1%的水平上显著。括号内为Z值。

笔者接下来进一步测算 2018 年我国绿色增长水平、创新型人力资本数量和质量的局部 Moran's I 值，绘制 Moran's I 散点图（见图 4.1 至图 4.3），分析具体研究单元绿色增长和创新型人力资本所呈现的局部空间关联关系类型。散点图从第一象限至第四象限，依次反映"高—高（H-H）""高—低（H-L）""低—低（L-L）"和"低—高（L-H）"的局部空间关联关系。

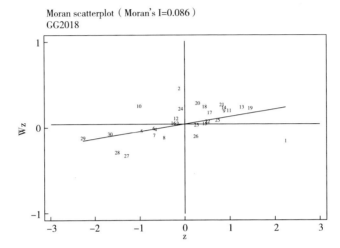

图 4.1　2018 年区域绿色增长水平 Moran's I 指数散点图①

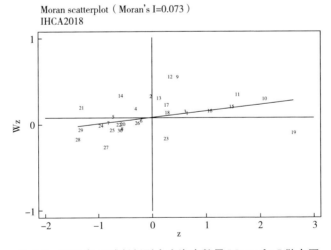

图 4.2　2018 年区域创新型人力资本数量 Moran's I 散点图

　　① 图中"1，2，…，30"分别代表北京、天津、河北、山西、内蒙古、辽宁、吉林、黑龙江、上海、江苏、浙江、安徽、福建、江西、山东、河南、湖北、湖南、广东、广西、海南、重庆、四川、贵州、云南、陕西、甘肃、青海、宁夏和新疆。

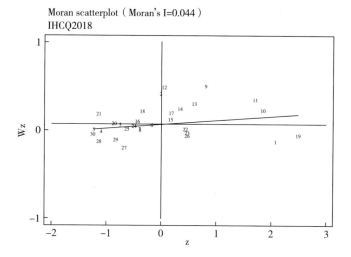

图 4.3　2018 年区域创新型人力资本质量 Moran's I 散点图

从图 4.1 至图 4.3 显示的结果不难看出：其一，我国区域绿色增长水平主要呈现出"高—高"和"低—低"两种空间关联关系，绿色增长水平较高和绿色增长水平较低的地区都较为集中，并且，绿色增长水平较高的地区主要集中于福建、广东、上海等东南沿海地区与湖南、湖北等中部地区，绿色增长水平较低的地区主要集中于甘肃、青海、宁夏等西北地区；其二，创新型人力资本同样主要呈现为"高—高"和"低—低"两种空间关联关系，东部的上海、江苏、浙江、福建、山东及中部的湖南、湖北等地呈现为"高—高"空间关联关系，西部的甘肃、青海、宁夏等地呈现为"低—低"空间关联关系；其三，部分地区绿色增长水平也呈现出了"高—低"和"低—高"两种空间关系，主要为北京、天津等绿色增长水平较高，但周边绿色增长水平较低的地区；其四，较绿色增长水平而言，"高—低"和"低—高"两种空间关联关系的分布地区较多，北京和广东相对周边地区有较为明显的创新型人力资本数量和质量优势，其与周边地区创新型人力资本空间关联关系以"高—低"和"低—高"为主。

4.2.2　基准模型结果分析

在距离权重和邻接权重下对前文设定的模型（4.1）进行估计，以分析创新型人力资本影响区域绿色增长的实际效应。首先，要明确是利用固定效应模型还是随机效应模型进行估计，笔者通过 Hausman 检验进行判断，结果显示，不论是在距离权重还是在邻接权重下，Hausman 检验 P 值均小于 0.05，所以应选取固定效应模型。因此，笔者在固定效应下对模型（4.1）进行估计，结果如表4.4所示。

表4.4　基准模型估计结果

变量	W_{ij}^d	$W_{ij}^{0\sim1}$	W_{ij}^d	$W_{ij}^{0\sim1}$
IHCA	0.0267*** (0.0053)	0.0236*** (0.0050)	—	—
IHCQ	—	—	0.0162 (0.0163)	0.0207 (0.0159)
IND_S	−0.0004 (0.0003)	−0.0007*** (0.0003)	−0.0006** (0.0003)	−0.0009*** (0.0002)
lnFDI	0.0010 (0.0016)	0.0008 (0.0014)	0.0011 (0.0016)	0.0016 (0.0014)
MD	0.0016 (0.0018)	0.0008 (0.0018)	0.0022 (0.0019)	0.0008 (0.0019)
W × IHCA	−0.0466*** (0.0141)	−0.0218*** (0.0065)	—	—
W × IHCQ	—	—	0.1330** (0.0561)	0.0225 (0.0339)
W × IND_S	−0.0026*** (0.0008)	−0.0023*** (0.0004)	−0.0016** (0.0006)	−0.0021*** (0.0004)
W × lnFDI	0.0137*** (0.0046)	0.0145*** (0.0025)	0.0043 (0.0031)	0.0130*** (0.0022)
W × MD	−0.0019 (0.0023)	−0.0022 (0.0022)	−0.0021 (0.0024)	−0.0019 (0.0022)
ρ	0.7442*** (0.0451)	0.6227*** (0.0345)	0.6954*** (0.0528)	0.5973*** (0.0375)
sigma_e	0.0003*** (0.0000)	0.0002*** (0.0000)	0.0003*** (0.0000)	0.0003*** (0.0000)
log-likehood	1206.976	1204.058	1196.757	1192.665
Hausman 检验 P 值	0.0013	0.0164	0.0001	0.0005
R^2	0.5066	0.5515	0.5707	0.6084
观测数	450	450	450	450

注："**""***"分别表示在5%和1%的水平上显著。括号内为标准误。

其次，分析表4.4模型估计结果。第一，两种权重下，创新型人力资本数量（IHCA）的系数在1%的水平上显著为正，表明创新型人力资本数量对区域绿色增长具有显著的正向促进作用，揭示了创新型人力资本在经济生产活动中能够通过引发乘数效应等机制，推动经济生产效率的提升，实现绿色增长。另外，创新型人力资本数量的空间滞后项（$W \times IHCA$）的系数显著为负，表明创新型人力资本数量促进绿色增长的作用存在一定的空间溢出效应，不过这种空间效应是负向溢出的，表明周边地区创新型人力资本的增加并不利于本地绿色增长水平的提升，其内在原因在于，创新型人力资本既是高级创新型劳动要素，又是消费者。周边地区创新型人力资本的增加容易推动周边大市场的形成，在"市场规模效应"和"价格指数效应"的作用下，周边地区创新型人力资本的增加会对本地创新型人力资本产生"虹吸效应"，推动本地创新型人力资本向周边地区流动，不利于本地绿色增长水平提升。第二，创新型人力资本质量（$IHCQ$）的系数为正，但在统计意义上并不显著，表明现阶段我国创新型人力资本质量的绿色增长效应尚未充分发挥，这与当前我国整体创新型人力资本质量水平仍然不高，区域差距较大等原因有关。在距离权重下，创新型人力资本质量空间滞后项（$W \times IHCQ$）的系数显著为正，但在邻接权重下其系数也为正但并不显著，这表明创新型人力资本质量在绿色增长中存在一定的空间正向溢出作用，而且该空间作用并不局限于邻近地区之间，跨区域的高质量创新合作更具价值和吸引力。第三，被解释变量空间滞后项的系数（ρ）为正，且在 1% 的水平上显著，表明周边地区绿色增长水平的提升也有利于本地绿色增长，其内在机制在于，周边地区绿色增长水平的提高会对本地绿色发展形成示范效应，通过模仿周边地区绿色增长的现实路径，往往是低风险、低成本提升本地绿色增长水平的可行路径。另外，周边地区绿色增长水平的提升也容易形成竞争效应，可刺激本地加大绿色生产投入，提升绿色增长水平。总体上，我国创新型人力资本的绿色增长效应明显，并且该作用存在一定的空间溢出效应，但值得注意的是，具体的空间效应机制如何，仍有待于进一步检验，具体原因及空间机制的结果将在 4.3.2 节分析。

对于控制变量而言，产业结构及其空间滞后项对绿色增长的作用均为负，过重的第二产业占比不但不利于地区绿色增长水平提升，而且会对周边地区绿色增长产生负向溢出。

4.2.3 稳健性检验

前文中，笔者在距离权重和邻接权重下分别对模型进行估计，其结果在估计的方向、大小和显著性上无明显区别，这在一定程度上表明本章设定的模型是稳健的。为进一步检验模型和研究结论的可靠性，笔者进一步采用剔除"奇异"

样本和使时间窗口变短的方法进行稳健性检验。

首先是剔除"奇异"样本的稳健性检验。值得注意的是，在本书的研究样本单元中，有北京、天津、上海和重庆四个直辖市，相对于其他省份，直辖市拥有一定的政策优势，而且人口规模和地域面积小但经济发展水平较高，属于研究单元中的"奇异"样本。为了防止这种"奇异"值可能造成模型估计结果不稳健的情况，笔者对其予以剔除，在距离权重下对模型（4.1）重新估计，结果如表4.5列（1）和列（2）所示。结果显示，核心解释变量及其空间滞后项的估计系数在方向和显著性上未发生明显变化，表明本章设定的模型是稳健的。

其次是缩短时间窗口的稳健性检验。从样本角度来看，若模型估计结果稳健，那么较小的样本容量变化并不会对模型估计结果造成致命的伤害，鉴于此，笔者借鉴刘明和王思文（2018）的研究，通过缩短时间窗口，减小样本容量的方式对模型的稳健性进一步检验。笔者剔除2004年和2018年的样本，对模型（4.1）进行估计，结果如表4.5列（3）和列（4）所示。结果显示，在剔除少量样本后，模型核心解释变量及其空间滞后项的估计系数依然未发生明显变动，由此说明本章设定的模型是稳健的，研究结论具有较强的可靠性。

表 4.5 稳健性检验结果

变量	（1）	（2）	（3）	（4）
$IHCA$	0.0306*** (0.0051)	—	0.0236*** (0.0055)	—
$IHCQ$	—	0.1035*** (0.0322)	—	0.0061 (0.0159)
IND_S	−0.0001 (0.0003)	−0.0004 (0.0003)	−0.0002 (0.0003)	−0.0003 (0.0002)
$\ln FDI$	0.0011 (0.0015)	0.0009 (0.0016)	0.0013 (0.0018)	−0.0016 (0.0018)
MD	0.0040** (0.0020)	0.0030 (0.0021)	0.0026 (0.0019)	0.0032 (0.0019)
$W \times IHCA$	−0.0608*** (0.0143)	—	−0.0386*** (0.0141)	—
$W \times IHCQ$	—	0.1605* (0.0847)	—	0.1315* (0.0664)
$W \times IND\_S$	−0.0030*** (0.0008)	−0.0015*** (0.0006)	−0.0024*** (0.0008)	−0.0015** (0.0007)

变量	（1）	（2）	（3）	（4）
$W \times \ln FDI$	0.0181 *** （0.0048）	0.0058 * （0.0035）	0.0131 ** （0.0051）	0.0059 * （0.0034）
$W \times MD$	−0.0044 * （0.0025）	−0.0036 （0.0026）	−0.0033 （0.0025）	−0.0029 （0.0025）
ρ	0.7621 *** （0.0409）	0.7448 *** （0.0475）	0.7644 *** （0.0457）	0.7387 *** （0.0500）
$sigma\_e$	0.0002 *** （0.0000）	0.0003 *** （0.0000）	0.0002 *** （0.0000）	0.0002 *** （0.0000）
$\log - likehood$	1067.368	1053.347	1074.682	1066.953
R^2	4933	0.5682	0.436	0.6084
观测数	390	390	390	390

注："*""**""***"分别表示在10%、5%和1%的水平上显著。括号内为标准误。

4.3 技术创新及空间溢出机制检验

4.3.1 技术创新机制检验

第2章的理论分析显示，创新型人力资本不仅可以基于自身特殊属性，直接推动区域绿色增长，而且可以通过推动技术进步等路径影响区域绿色增长。接下来，为检验这种内在机制，对前文设定的机制检验模型（4.2）进行估计，结果如表4.6所示。

表4.6 技术创新机制检验结果

变量	W_{ij}^d	$W_{ij}^{0 \sim 1}$	W_{ij}^d	$W_{ij}^{0 \sim 1}$
$IHCA$	−0.0035 （0.0119）	−0.0211 * （0.0110）	——	——
$\ln TEC$	−0.0046 （0.0037）	−0.0052 （0.0035）	−0.0074 * （0.0040）	−0.0096 *** （0.0037）
$IHCA \times \ln TEC$	0.0076 *** （0.0028）	0.0102 *** （0.0025）	——	——

续表

变量	W_{ij}^d	$W_{ij}^{0\sim1}$	W_{ij}^d	$W_{ij}^{0\sim1}$
IHCQ	—	—	−0.0216 (0.0239)	−0.0138 (0.0229)
IHCQ × lnTEC	—	—	0.0299*** (0.0098)	0.0227** (0.0093)
IND_S	−0.0003 (0.0003)	−0.0005*** (0.0002)	−0.0002 (0.0003)	−0.0005* (0.0003)
lnFDI	0.0010 (0.0016)	0.0004 (0.0014)	0.0009 (0.0015)	−0.0005 (0.0015)
MD	0.0021 (0.0019)	0.0017 (0.0018)	0.0023 (0.0020)	0.0019 (0.0019)
W × IHCA	−0.0542** (0.0220)	−0.0093 (0.0143)	—	—
W × lnTEC	0.0186* (0.0075)	0.0153*** (0.0043)	0.0069 (0.0068)	0.0116*** (0.0041)
W × IHCA × lnTEC	0.0095 (0.0078)	0.0033 (0.0032)	—	—
W × IHCQ	—	—	0.1663** (0.0685)	0.1497*** (0.0505)
W × IHCQ × lnTEC	—	—	−0.0195 (0.0375)	−0.0657*** (0.0145)
W × IND_S	−0.0021** (0.0009)	−0.0026*** (0.0050)	−0.0018** (0.0007)	−0.0027*** (0.0005)
W × LnFDI	0.0049 (0.0068)	0.0119*** (0.0026)	0.0046 (0.0073)	0.0116*** (0.0026)
W × MD	−0.0030 (0.0024)	−0.0029 (0.0022)	−0.0019 (0.0024)	−0.0029 (0.0022)
ρ	0.6988*** (0.0541)	0.5783*** (0.0391)	0.7134*** (0.0534)	0.5635*** (0.0394)
sigma_e	0.0002*** (0.0000)	0.0002*** (0.0000)	0.0003*** (0.0001)	0.0002*** (0.0000)
log−likehood	1214.859	1219.26	1204.379	1214.807
Hausman 检验 P 值	0.0040	0.0162	0.0031	0.0220
R^2	0.5135	0.6019	0.4988	0.5767
观测数	450	450	450	450

注:"*""**""***"分别表示在10%、5%和1%的水平上显著。括号内为标准误。

分析表 4.6 显示的结果：在两种权重下，核心解释变量 $IHCA×\ln TEC$ 的系数分别为 0.0076 和 0.0102，均在 1% 的水平上显著；核心解释变量 $IHCQ×\ln TEC$ 的估计系数分别为 0.0299 和 0.0277，分别在 1% 和 5% 的水平上显著，表明创新型人力资本会提升技术创新在绿色增长中的边际作用，即创新型人力资本可通过影响技术进步来提高区域绿色增长水平，证明了前文理论分析的路径机制是存在的。

4.3.2 空间溢出效应机制检验

尽管在基准模型中，核心解释变量的空间滞后项 $W×IHCA$ 和 $W×IHCQ$ 显著，能够在一定程度上说明创新型人力资本促进绿色增长的空间溢出效应机制是存在的，但正如 Lesage 和 Pace（2009）所言，这些系数的值并不能代表创新型人力资本对区域绿色增长水平的边际影响。因此，有必要对模型（4.1）估计结果进行进一步分解，测算其空间溢出效应，分析创新型人力资本影响区域绿色增长的空间溢出效应机制。对模型（4.1）估计结果进行分解，核心解释变量分解结果如表 4.7 所示。

表 4.7 空间溢出效应测算结果

效应	$IHCA$		$IHCQ$	
	W_{ij}^d	$W_{ij}^{0\sim1}$	W_{ij}^d	$W_{ij}^{0\sim1}$
直接效应	0.0238 ***	0.0223 ***	0.0303 *	0.0282
	（0.0057）	（0.0056）	（0.0181）	（0.0191）
空间溢出效应	−0.1039 **	−0.013	0.4686 ***	0.0793
	（0.0517）	（0.0154）	（0.1664）	（0.0764）
总效应	−0.0802	0.00049	0.4989 ***	0.1075
	（0.0536）	（0.0188）	（0.1746）	（0.0887）

注："*""**""***"分别表示在 10%、5% 和 1% 的水平上显著。括号内为标准误。

从表 4.7 显示的结果不难发现，创新型人力资本数量对区域绿色增长存在空间负向溢出效应，而创新型人力资本质量对区域绿色增长存在空间正向溢出效应，并且，在空间距离权重下的空间溢出效应现象显著。而邻接权重下创新型人力资本数量和创新型人力资本质量影响区域绿色增长的空间溢出效应均不显著。对于这些现象存在的原因，前文表 4.4 模型估计结果的分析中已进行阐述，在此不再赘述。

4.4　东部与中西部的异质性分析

不同区域因自身经济发展水平、技术水平等方面的差异，其绿色增长水平不尽相同，对绿色增长需求的迫切程度、投入程度也存在差异，这导致创新型人力资本对其绿色增长的影响也可能存在差异。对此，笔者分东部和中西部对创新型人力资本影响绿色增长的区域异质性进行检验①。在距离权重下分别以东部和中西部地区②为样本，对模型（4.1）进行估计，结果如表4.8所示。

表 4.8　异质性检验结果

变量	东部		中西部	
	（1）	（2）	（3）	（4）
IHCA	0.0147 * （0.0078）	—	0.0332 *** （0.0094）	—
IHCQ	—	0.0249 （0.0198）	—	0.0741 （0.0555）
IND_S	-0.0021 *** （0.0008）	-0.0024 *** （0.0007）	-0.0001 （0.0003）	-0.0001 （0.0003）
lnFDI	0.0067 ** （0.0034）	0.0019 （0.0037）	0.0005 （0.0018）	0.0026 （0.0018）
MD	-0.0032 （0.0031）	0.0010 （0.0032）	0.0052 ** （0.0024）	0.0069 *** （0.0025）
W × IHCA	-0.0252 *** （0.0095）	—	-0.0459 ** （0.0192）	—
W × IHCQ	—	0.1079 ** （0.0473）	—	0.4723 *** （0.1204）
W × IND_S	-0.0055 *** （0.0012）	-0.0051 *** （0.0014）	-0.0022 ** （0.0007）	-0.0016 ** （0.0006）

① 东部、中部和西部的划分可参见第3章。

② 在实证检验中，因把中部和西部合并检验，故检验结果分别为东部和中西部两个区域。

续表

变量	东部		中西部	
	（1）	（2）	（3）	（4）
$W \times \ln FDI$	−0.0036 （0.0049）	−0.0154*** （0.0075）	0.0127*** （0.0046）	0.0009 （0.0035）
$W \times MD$	−0.0072** （0.0034）	−0.0033 （0.0038）	−0.0053* （0.0030）	−0.0080*** （0.0031）
ρ	0.4295*** （0.0633）	0.3494*** （0.1020）	0.7501*** （0.0448）	0.6539*** （0.0613）
$sigma\_e$	0.0003*** （0.0000）	0.0004*** （0.0000）	0.0002*** （0.0000）	0.0002*** （0.0000）
$log-likehood$	423.491	419.347	783.919	785.146
R^2	0.2491	0.4945	0.6191	0.6596
观测数	165	165	285	285

注："*""**""***"分别表示在10%、5%和1%的水平上显著。括号内为标准误。

对表4.8的结果进行分析：首先，讨论东部和中西部两个区域的创新型人力资本数量的情况。中西部地区的创新型人力资本数量系数是0.0332且在1%的水平上显著，而东部地区的系数为0.0147且只在10%的水平上显著，这说明中西部地区的创新型人力资本数量推动绿色增长的作用显著强于东部地区，这与中西部地区经济发展水平和技术水平相对落后有关。在中西部地区，绿色发展和绿色技术开发空间较大，创新型人力资本推动绿色增长的作用更易发挥，而东部地区较为发达，创新型人力资本在东部地区进行更深层次的绿色技术开发面临的难度较大，进一步提高区域绿色增长水平的作用很难在短期内显现。其次，再看东部和中西部两个区域的创新型人力资本质量的情况。创新型人力资本质量在东部和中西部绿色增长中的直接作用均不显著，但周边地区创新型人力资本质量影响本地绿色增长的平均效应均显著，不同的是，在中西部地区该作用更为显著，且作用程度更大，这与东部和中西部自身经济及技术水平差距较大，东部地区更高层次的绿色技术开发难度较大，技术溢出或扩散的空间匹配难度较高有关。

本章小结

本章研究的重点在于实证分析创新型人力资本影响区域绿色增长的实际情况

和作用机制。首先，根据前文理论及研究对象的自身属性，设定了面板空间 SDM 模型和包含交互项的面板空间 SDM 模型；其次，依据绿色增长内涵，设定了测度评级指标体系，并选取了其他机制变量和控制变量；再次，在进行空间相关性检验的基础上，对实证模型进行估计，分别检验分析了创新型人力资本对我国区域绿色增长的影响水平，以及技术创新和空间溢出效应的作用机制，并对模型的稳健性进行了检验；最后，考虑到我国区域空间较大，各区域经济发展水平、技术水平和创新型人力资本水平存在差异，对创新型人力资本影响区域绿色增长的区域异质性进行了分析。研究得出了以下主要结论：

第一，以省际区域为研究单元，我国绿色增长水平和创新型人力资本均显现出较强的空间相关性特征，并且这种空间相关性随经济社会的发展呈不断增强的发展态势。从空间关联的类型来看，绿色增长主要呈现为"高—高"和"低—低"的空间关联形式；创新型人力资本同样主要呈现为"高—高"和"低—低"两种空间关联关系，但相对绿色增长而言，其在"高—低"和"低—高"两种空间关联关系上分布的地区较多。

第二，创新型人力资本数量对区域绿色增长具有显著的正向促进作用，并且在"市场规模效应"和"价格指数效应"作用下，周边地区创新型人力资本的增加会对本地创新型人力资本产生"虹吸效应"，不利于本地绿色增长水平提升。现阶段我国整体创新型人力资本质量水平仍然不高、区域差距较大，因而创新型人力资本质量推动区域绿色增长的作用并不明显。但在距离权重下，创新型人力资本质量在绿色增长中存在一定的空间正向溢出作用。

第三，周边地区绿色增长水平的提升会对本地绿色发展形成示范效应，有利于其通过模仿创新和刺激绿色生产投入，对本地绿色增长水平提升产生积极作用。

第四，创新型人力资本可通过影响技术进步来提升区域绿色增长水平，且创新型人力资本数量对区域绿色增长存在显著的空间负向溢出效应，而创新型人力资本质量对区域绿色增长存在显著的空间正向溢出效应。

第五，由于中西部和东部地区之间的经济发展水平、技术水平等方面差距较大，并且东部地区更高层次绿色技术的开发难度、空间匹配难度等更大，因此创新型人力资本及其空间溢出效应提升区域绿色增长水平的作用在中西部地区更加明显。

5   创新型人力资本影响绿色增长效率的实证研究

第 4 章分析研究表明，创新型人力资本对区域绿色增长具有显著的促进作用。本章我们接着分析创新型人力资本对绿色增长效率的影响。从第 4 章绿色增长评价指标体系的构建中不难发现，绿色增长更多地体现为既定约束条件之下实现经济的稳步增长，而这种既定约束主要是环境容量和环境承载力。尽管现有文献在研究中并未明显区分绿色增长和绿色增长效率，但值得注意的是，绿色增长效率与绿色增长有着本质的区别，相较绿色增长，绿色增长效率则更加强调投入和产出之间的关系，要求用最少的资源消耗去获得最大的合意产出和最小的非合意产出。绿色增长效率的提升是实现更高水平绿色增长的内在动力，对绿色增长效率的探索是寻求推动绿色增长动力机制的过程。鉴于此，为了更深入揭示创新型人力资本在区域绿色增长中的作用，有必要对我国创新型人力资本在绿色增长效率方面产生的影响做进一步的实证分析。

5.1   绿色增长效率的测算

5.1.1   绿色增长效率测算模型构建

截至目前，关于绿色增长效率的测算，形成了较为丰富的方法体系，并且仍在不断改进，从方法类别上来看主要有 C–D 生产函数法、索洛余值法、随机前沿分析和数据包络分析，各种方法的优势和劣势存在较大的差异，在考虑多投入、多产出情况下的绿色增长效率测算时，数据包络分析法具有较大的优势，主要体现在该方法是一种非参数方法，因而不需要考虑其具体的生产函数形式，不需要过多的经济学前提假设，不需要过多考虑数据量纲的影响。

传统径向角度 DEA 模型既不考虑松弛量对效率测度的影响，也不考虑随机误差及外部环境对各主体的干扰，而非径向、非角度 SBM 模型既可以区别有效决策单位的效率大小，也能够处理投入产出中可能存在非零的松弛问题，同时还可以避免径向和角度选择差异所造成的偏误，并且得到的效率测度值也更加准确。另外，本章测度的对象是绿色增长效率，包含非期望产出，ML 指数是非期望产出与 Malmquist 指数的结合，能够在考虑非期望产出的同时测度动态效率值，但该指数存在所得结果不可传递且会出现线性无解的缺陷，而 Global Malmquist-Luenberger（GML）指数能够将生产单元包含在全局参考集内，可以有效解决线性规划无可行解的问题。统筹考虑以上两个方面的问题，本章选择 SBM-GML 指数测算我国绿色增长效率。具体测算步骤如下：

首先，计算生产可能性集。本研究是从省际层面展开的，因此将各省份作为一个决策单元，设为 DMU_K，其中 K 为全国省际单元个数。$x=(x_1, \cdots, x_n)$ 表示各决策单元投入的 N 种生产要素，其中，$x \in R_N^+$，生产过程可得到 M 种期望产出 $y=(y_1, \cdots, y_m) \in R_N^+$ 和 I 种非期望产出 $b=(b_1, \cdots, b_m) \in R_N^+$，我们用 (x^{kt}, y^{kt}, b^{kt}) 表示第 t 期的投入和产出。设 t 期的生产可能性集为 $P^t(x)$，则：

$$P^t(x) = \begin{cases} (y^t, b^t): \sum_{k=1}^{K} z_k^t y_{km}^t \geqslant y_{km}^t, \ \forall m; \ \sum_{k=1}^{K} z_k^t y_{km}^t = b_{ki}^t, \ \forall i; \\ \sum_{k=1}^{K} z_k^t x_{kn}^t \leqslant x_{kn}^t, \ \forall n; \ \sum_{k=1}^{K} z_k^t = 1, \ z_k^t \geqslant 0, \ \forall k \end{cases} \quad (5.1)$$

式（5.1）中，z_k^t 为截面数据权重，$z_k^t \geqslant 0$ 则表示规模报酬不变；$\sum_{k=i}^{K} z_k^t = 1$，$z_k^t \geqslant 0$ 表示规模报酬可变。然而，此时 $P^t(x)$ 可能出现技术倒退的伪事实情况，因此可在 $P^t(x)$ 的基础上构建一个全域生产可能性集 $P^G(x)$，具体模型为：

$$P^G(x) = \begin{cases} (y^t, b^t): \sum_{t=1}^{T} \sum_{k=1}^{K} z_k^t y_{km}^t \geqslant y_{km}^t, \ \forall m; \ \sum_{t=1}^{T} \sum_{k=i}^{K} z_k^t y_{km}^t = b_{ki}^t, \ \forall i; \\ \sum_{t=1}^{T} \sum_{k=i}^{K} z_k^t x_{kn}^t \leqslant x_{kn}^t, \ \forall n; \ \sum_{t=1}^{T} \sum_{k=i}^{K} z_k^t = 1, \ z_k^t \geqslant 0, \ \forall k \end{cases} \quad (5.2)$$

其次，求解 SBM 方向距离函数。参照黄庆华等（2020）的研究，定义如下包含非期望产出的 SBM 方向性距离函数：

$$\overrightarrow{S_V^t}(x^{t,k}, y^{t,k}, b^{t,k}, g^x, g^y, g^b)$$

$$= \max \frac{\frac{1}{N}\sum_{n=1}^{N}\frac{S_n^x}{g_n^x} + \frac{1}{M+I}\left(\sum_{m=1}^{M}\frac{S_m^y}{g_m^y} + \sum_{i=1}^{I}\frac{S_i^b}{g_i^b}\right)}{2} \tag{5.3}$$

s. t. $\sum_{k=1}^{K}z_k^t x_{kn}^t + S_n^x \leqslant x_{kn}^t, \quad \forall n; \quad \sum_{k=1}^{K}z_k^t y_{km}^t - S_m^y = y_{km}^t, \quad \forall m;$

$\sum_{k=1}^{K}z_k^t b_{ki}^t + S_n^b \leqslant b_{ki}^t, \quad \forall i; \quad \sum_{k=i}^{K}z_k^t = 1, \quad z_k^t \geqslant 0, \quad \forall k$

$S_m^y \geqslant 0, \quad \forall m; \quad S_i^b \geqslant 0, \quad \forall i$

式（5.3）中，g^x 表示投入减少的方向向量，g^y 表示期望产出增加的方向向量，g^b 表示非期望产出减少的方向向量；S_n^x、S_m^y 和 S_i^b 分别表示投入冗余松弛变量、期望产出不足松弛变量和非期望产出过多松弛变量。$\vec{S_V}$ 表示实际投入和非期望产出大于边界投入和产出，而期望产出小于边界产出。同理可得全局 SBM 方向距离函数为：

$\vec{S_V^G}(x^{t,k}, y^{t,k}, b^{t,k}, g^x, g^y, g^b)$

$$= \max \frac{\frac{1}{N}\sum_{n=1}^{N}\frac{S_n^x}{g_n^x} + \frac{1}{M+I}\left(\sum_{m=1}^{M}\frac{S_m^y}{g_m^y} + \sum_{i=1}^{I}\frac{S_i^b}{g_i^b}\right)}{2} \tag{5.4}$$

s. t. $\sum_{k=1}^{K}z_k^t x_{kn}^t + S_n^x = x_{kn}^t, \quad \forall n; \quad \sum_{k=1}^{K}z_k^t y_{km}^t - S_m^y = y_{km}^t, \quad \forall m;$

$\sum_{k=1}^{K}z_k^t b_{ki}^t + S_n^b = b_{ki}^t, \quad \forall i; \quad \sum_{k=i}^{K}z_k^t = 1, \quad z_k^t \geqslant 0, \quad \forall k$

$S_m^y \geqslant 0, \quad \forall m; \quad S_i^b \geqslant 0, \quad \forall i$

最后，构建 GML 指数。构建基于 SBM 的 GML 指数，可测算得到绿色增长效率（GTFP）：

$$GTFP_t^{t+1} = \frac{1 + \vec{S_V^G}(x^t, y^t, b^t, g^x, g^y, g^b)}{\vec{S_V^G}(x^{t+1}, y^{t+1}, b^{t+1}, g^x, g^y, g^b)} \tag{5.5}$$

GTFP 的测算结果以 1 为阈值，大于 1 表示地区绿色增长效率得到提升，小于 1 表示地区绿色增长效率出现下降，等于 1 则表示地区绿色增长效率处于稳定状态。

5.1.2　测算指标选取

根据第 4 章绿色增长水平评价分析，绿色增长涉及资源、社会、经济、生态等多个复杂系统，而绿色增长效率则反映了这些复杂系统之间的协调发展状况，是一种复合作用生产效率，不仅需要对社会经济发展过程中的投入产出效率和要素资源最优配置问题进行考虑，而且需要关注生态系统的环境污染情况。借鉴冯杰和张世秋（2017）的研究，笔者选择投入-产出相关指标，构建了如表5.1所示的绿色增长效率测算评价体系。在投入指标选取方面，各类活动的本质是根据劳动力、资本、资源等生产要素生产产品和提供服务的过程，因此本章投入要素选择了劳动力、资本和能源投入作为衡量指标。产出包含两类：一类是期望产出，反映了地区社会经济和生态环境的改善情况，以 GDP 为具体评价指标；另一类是非期望产出，反映了各类生产活动伴随而来的环境污染等问题，选取了工业废水中 COD 排放量、工业 SO_2 排放量作为具体评价指标。

表 5.1　绿色增长效率测算评价体系

项目	指标	具体指标	单位
投入	劳动力投入	各省份年末就业人员数	万人
	资本投入	固定资本存量	亿元
	能源投入	各省份的能源消费量	万吨标准煤
产出	经济产出	实际 GDP	亿元
	环境产出	工业废水中 COD 排放量	吨
		工业 SO_2 排放量	万吨

在上述指标体系中，资本投入以固定资本存量为具体指标，经济产出以实际 GDP 为具体衡量指标。这两个指标的数据均来源于《中国统计年鉴》和各省份的统计年鉴。对于固定资本存量指标，笔者采用永续盘存法测算得到，折旧率取 9.6%，基期为 2000 年；对于实际 GDP 指标，笔者以 2000 年为基期进行了平减。能源投入以各省份的能源消费量作为衡量指标，指标数据来源于《中国能源统计年鉴》和各省份的《国民经济和社会发展统计公报》；环境产出以工业废水中 COD 排放量和工业 SO_2 排放量为具体指标，指标数据来源于《中国环境统计年鉴》。各变量的描述性统计如表 5.2 所示。

表 5.2　绿色全要素生产率测算变量描述性统计

变量	观测数	均值	标准差	最小值	最大值
就业人员（万人）	450	2610.450	1727.572	290.420	7132.990

变量	观测数	均值	标准差	最小值	最大值
固定资本存量（亿元）	450	32611.803	29295.264	1291.540	158047.050
能源消费量（万吨标准煤）	450	12800.585	8176.127	742.000	40581.000
实际GDP（亿元）	450	12732.286	11910.422	460.350	64866.199
工业废水中化学需氧量（吨）	450	121042.300	114886.630	1463.000	975456.000
工业废气中 SO_2 排放总量（万吨）	450	55.468	39.413	0.105	171.600

5.2　实证模型构建、变量及数据说明

5.2.1　空间杜宾模型的构建

首先，依据新古典生产理论，构建绿色生产函数如下：

$$Y = A \times F(K, L) \tag{5.6}$$

其中，Y 代表绿色产出，K 代表绿色资本投入，L 代表绿色劳动力投入，A 代表绿色增长效率。基于能源投入和环境制约的共同约束，进一步可将式（5.6）拓展为：

$$Y = A^* \times F(K, L, E) \tag{5.7}$$

式（5.7）中，E 代表能源投入。假定 A^* 受到创新型人力资本和其他因素的影响，即：

$$A^* = IHC^\alpha X^\beta \tag{5.8}$$

进一步，综合式（5.7）和式（5.8）有：

$$A^* = \frac{Y}{F(K, L, E)} = GTFP = IHC^\alpha X^\beta \tag{5.9}$$

其中，IHC 代表创新型人力资本，X 代表影响绿色增长效率的其他变量。对式（5.9）两边同时取对数，则可进一步构造创新型人力资本影响区域绿色增长效率的实证分析模型为：

$$\ln A^* = \alpha_0 + \alpha \ln IHC + \beta X + \varepsilon \tag{5.10}$$

第4章关于创新型人力资本空间相关性的研究表明，创新型人力资本数量和创新型人力资本质量均存在显著的空间相关性，因此，设定包含创新型人力资本

活动空间关联关系的模型更符合实际要求。另外，空间滞后模型假定空间相互作用来自被解释变量，而空间误差模型则认为空间交互作用来自随机误差的冲击。然而，现实中，考虑绿色生产活动通过交流互动、生产的上下游关系自身可能存在的空间关联关系，需要考虑来自被解释变量的空间效应，但如果不将核心解释变量空间效应纳入模型中，则该效应将进入误差项，此时仅包含被解释变量和仅包含误差项的空间交互作用的模型难以适用。故而笔者选择能够兼具考虑上述两种效应的空间杜宾模型研究创新型人力资本影响绿色增长效率的空间效应。根据上述新古典经济增长模型的扩展和两种空间权重矩阵，构建不同的空间杜宾模型如下：

$$GTFP_{it} = \alpha_i + \rho \sum_{j=1}^{n} W_{ij} GTFP_{it} + \beta_i IHCA_{it} + \phi \sum_{j=1}^{n} W_{ij} IHCA_{it} + \gamma X_{it} +$$

$$\phi' \sum_{j=1}^{n} W_{ij} X_{it} + \lambda W_{ij} \mu_{it} + \varepsilon_{it} \qquad (5.11)$$

$$GTFP_{it} = \alpha_i + \rho \sum_{j=1}^{n} W_{ij} GTFP_{it} + \beta_i IHCQ_{it} + \phi \sum_{j=1}^{n} W_{ij} IHCQ_{it} + \gamma X_{it} +$$

$$\phi' \sum_{j=1}^{n} W_{ij} X_{it} + \lambda W_{ij} \mu_{it} + \varepsilon_{it} \qquad (5.12)$$

在式（5.11）和式（5.12）中，$GTFP$ 是被解释变量，表示区域绿色增长效率；$IHCA$ 和 $IHCQ$ 是核心解释变量，$IHCA$ 表示创新型人力资本数量，$IHCQ$ 表示创新型人力资本质量；W_{ij} 代表空间权重，X_{it} 代表控制变量，β 是解释变量回归系数，ρ 为被解释变量空间回归系数，ϕ 和 ϕ' 分别为解释变量和控制变量的空间回归系数，λ 为空间误差回归系数，ε 为随机扰动项。

5.2.2 变量的选择与说明

5.2.2.1 被解释变量

本章研究的被解释变量为绿色增长效率，以绿色全要素生产率（$GTFP$）为具体指标，该指标的测算以 2004 年为基期，考虑绿色生产的非期望产出，使用非导向的超效率 SBM 模型及 GML 指数，运用 MaxDEA 软件测算得到。

5.2.2.2 核心变量

本章从数量和质量两个方面来衡量创新型人力资本（IHC），即创新型人力资本数量（$IHCA$）和创新型人力资本质量（$IHCQ$），其测算见第 3 章，在此不再赘述。

5.2.2.3 控制变量

借鉴已有研究，本章选择了以下指标：一是外商投资规模（fdi），以外商直接投资占 GDP 的比重为具体衡量指标，其中外商直接投资额以每年美元兑人民币平均汇率进行换算；二是政府规模（*gov*），以政府财政支出占 GDP 比重为具体衡量指标；三是城市化水平（*urb*），以城镇人口占总人口的比重为具体衡量指标；四是进出口规模（*ex*），以进出口总额占 GDP 比重为具体衡量指标，对进出口总额以每年平均汇率将美元折算为人民币；五是基础设施水平（*infra*），用道路建设情况进行反映，具体以各地公路里程数及铁路里程数之和与地区土地面积之比为衡量指标；六是环境规制（*reg*），本章参考宋德勇和杨秋月（2019）的研究，并且考虑数据的可得性和连续性，利用 SO_2 排放量、固体废物产生量、废水排放量和地区生产总值 GDP 计算得出的污染物排放综合指数为具体衡量指标。

5.2.3 数据说明

在实证研究中，控制变量外商直接投资（*fdi*）的数据源于《中国贸易外经统计年鉴》；城市化水平（*urb*）、政府规模（*gov*）及进出口规模（*ex*）等指标的相关数据来源于《中国统计年鉴》和国家统计局网站；基础设施水平（*infra*）等指标的相关数据来源于各省份统计年鉴和 EPS 数据库；环境规制（*reg*）指标的数据来源于《中国环境统计年鉴》。对于部分地区个别年份的缺失数据，本章采取线性插值的计算结果予以弥补。考虑数据的可得性和连续性，笔者选取了 2004~2018 年 30 个省份（不包含港澳台地区和西藏）的相关数据。各变量描述性统计如表 5.3 所示。

表 5.3　变量描述性统计

变量	观测数	均值	标准差	最小值	最大值
GTFP	450	1.435	0.825	0.307	4.757
IHCA	450	5.064	4.032	0.274	21.855
IHCQ	450	0.946	0.867	0.054	10.314
fdi	450	0.405	0.503	0.048	5.705
gov	450	0.215	0.096	0.079	0.627
urb	450	0.533	0.143	0.256	0.896
ex	450	0.313	0.382	0.017	1.722
infra	450	0.838	0.498	0.040	2.188
reg	450	694.426	540.612	95.073	4930.431

注：为了避免回归结果的系数过小，本章将 IHCA 的单位调整为千人年。

5.3 对绿色增长效率影响的实证结果分析

5.3.1 空间相关性检验

首先，测算绿色增长效率的全局 Moran's I，分析绿色增长效率的整体空间相关性，结果如表 5.4 所示。

表 5.4 绿色增长效率空间相关性检验结果

年份	W_{ij}^d		$W_{ij}^{0 \sim 1}$	
	Moran's I	Z 值	Moran's I	Z 值
2005	−0.04	−0.232	−0.079	−0.551
2006	−0.038	−0.123	−0.08	−0.507
2007	−0.036	−0.056	−0.074	−0.419
2008	−0.024	0.403	−0.043	−0.091
2009	−0.019	0.523	−0.038	−0.03
2010	−0.015	0.609	−0.028	0.062
2011	−0.014	0.718	−0.019	0.167
2012	−0.009	0.822	−0.005	0.294
2013	−0.012	0.747	−0.001	0.333
2014	−0.012	0.741	0.013	0.474
2015	−0.011	0.770	0.023	0.563
2016	0.038**	2.088	0.108*	1.534
2017	0.033**	1.884	0.103*	1.660
2018	0.034**	1.893	0.117*	1.662

注："*""**"分别表示在10%和5%的水平上显著。

其次，测算绿色增长效率的局部 Moran's I。相较全局 Moran's I，局部 Moran's I 能很好地反映不同地区的空间集聚特征和集聚类型，尤其是局部 Moran's I 散点图，可将空间集聚特征分为四类。本章选取 2018 年作为代表性年份，测算其局部 Moran's I 并制作其绿色增长效率的 Moran's I 散点图，如图 5.1 和图

5.2 所示。图 5.1 是距离权重下的 Moran's I 散点图，图 5.2 是邻接权重下的 Moran's I 散点图。

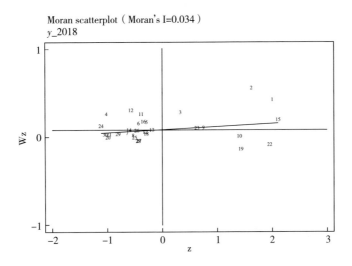

图 5.1 2018 年距离权重下绿色增长效率局部 Moran's I 散点图

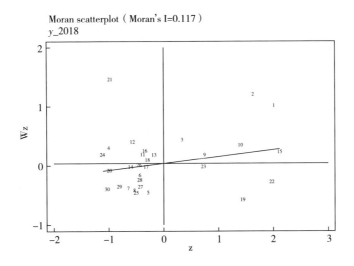

图 5.2 2018 年邻接权重下绿色增长效率局部 Moran's I 散点图

从图 5.1 和图 5.2 中各地区分布的象限位置不难发现：①稳居第一象限的地区有北京、天津、河北、山东、上海、四川，可以发现，除了四川是川渝地区的经济发展重心之外，其他区域都属于东部地区，存在明显的集聚性质。②位于第三象限的区域大多来自中西部地区，这些地区自身和相邻地区的 GTFP 水平都很低。另外，前文中创新型人力资本数量和创新型人力资本质量空间相关性的存在，进一步证明了本章空间计量模型的设计具有一定的合理性，可以开展下一步的研究。

5.3.2 实证模型结果分析

在距离权重和邻接权重下对模型（5.11）和模型（5.12）进行估计，以分析创新型人力资本数量和质量对绿色增长效率的影响。首先，利用 Hausman 检验对模型进行选择，检验结果显示，固定效应下的模型估计结果更优。其次，尽管理论分析表明空间杜宾模型更加适合本章的研究，但在统计意义上是否成立，仍有待检验。本章对固定效应空间杜宾模型进行检验，LR 检验结果 P 值均小于 0.05，表明空间杜宾模型不会出现退化。在统计意义上，本章设定空间杜宾模型也较为合理，可进行下一步研究分析。在两种权重下对模型（5.11）和模型（5.12）进行估计，结果如表 5.5 所示。

表 5.5　基准模型估计结果

变量	W_{ij}^{d}		$W_{ij}^{0\sim1}$	
IHCA	0.051*** (0.01)	—	0.055*** (0.011)	—
IHCQ	—	0.071** (0.029)	—	0.061** (0.03)
fdi	0.037 (0.044)	0.086* (0.045)	0.066 (0.045)	0.107** (0.046)
gov	−0.072 (0.573)	−0.833 (0.558)	−0.100 (0.557)	−0.921* (0.543)
urb	0.075 (0.707)	−0.635 (0.738)	0.967 (0.698)	0.692 (0.705)
ex	−53.767*** (15.618)	−70.708*** (15.472)	−60.948*** (15.886)	−79.103*** (15.545)
infra	0.569*** (0.116)	0.717*** (0.119)	0.572*** (0.11)	0.621*** (0.113)
reg	0.0001*** (0.000)	0.0002*** (0.000)	0.0002*** (0.000)	0.0002*** (0.000)

续表

变量	W_{ij}^d		$W_{ij}^{0\sim1}$	
$W \times IHCA$	−0.216*** (0.041)	—	−0.166*** (0.066)	—
$W \times IHCQ$	—	0.076 (0.103)	—	0.0211 (0.056)
$W \times fdi$	−0.249 (0.214)	0.026 (0.209)	0.057 (0.092)	−0.001 (0.094)
$W \times gov$	−6.873*** (2.083)	−4.271** (2.060)	−3.459*** (0.995)	−2.382** (0.981)
$W \times urb$	14.482*** (2.470)	6.497*** (1.401)	4.924** (1.141)	4.493*** (0.907)
$W \times ex$	−1.747*** (0.604)	−0.441 (0.526)	−0.501 (0.321)	−0.136 (0.288)
$W \times infra$	−0.829*** (0.204)	−0.812*** (0.214)	−0.633*** (0.154)	−0.727*** (0.163)
$W \times reg$	−0.001*** (0.0001)	−0.0001 (0.0002)	−0.0006 (0.0001)	−0.0001 (0.0001)
ρ	0.311*** (0.108)	0.177*** (0.061)	0.252** (0.113)	0.164*** (0.061)
_cons	−3.150*** (0.716)	−0.751 (0.495)	−0.982** (0.387)	−0.787** (0.319)
sigma_e	0.077*** (0.005)	0.083*** (0.006)	0.083*** (0.006)	0.087*** (0.006)
$log-likehood$	125.438	142.542	143.234	155.815
LR test Spatial lag P 值	0.001	0.001	0.001	0.001
LR test Spatial error P 值	0.003	0.002	0.002	0.002
Hausman 检验 P 值	0.000	0.000	0.000	0.000
R^2	0.621	0.593	0.596	0.572
观测数	450	450	450	450

注："*""**""***"分别表示在10%、5%和1%的水平上显著。括号内为标准误。

从表5.5的结果可以看出，两种权重矩阵下，变量 IHCA 和变量 IHCQ 的系数均大于0，且分别在1%和5%的水平上显著，表明创新型人力资本数量和创新型人力资本质量对绿色增长效率提升具有显著的促进作用，该结果符合现实经验及理论预期。创新型人力资本是区域绿色技术创新的主体，创新型人力资本数量和质量的增加是推动区域绿色创新和绿色技术积累的重要动力来源。变量 $W \times IHCA$ 的系数显著为负，表明周边地区创新型人力资本数量的增加并未对本地绿色增长效率的提升产生正向溢出作用；相反，周边地区创新型人力资本数量的增加降低了本地绿色增长效率，其内在机制同第 4 章的分析，创新型人力资本的积累是一个长期投资的过程，周边地区创新型人力资本数量的增加往往是吸收本地创新型人力资本的结果。在"本地市场效应"和"价格指数效应"的作用下，周边地区新增的创新型人力资本数量会进一步推动本地创新型人力资本向周边地区流动，降低本地绿色技术创新能力，进而表现为降低了本地的绿色增长效率。$W \times IHCQ$ 的估计系数为正，但在一定的统计水平上并不显著，表明我国创新型人力资本质量影响绿色增长效率的空间作用尚未完全发挥，这与我国整体创新型人力资本质量不高，各地区差异明显紧密相关。被解释变量空间滞后项估计系数 ρ 显著为正，表明周边地区绿色增长效率的提升可通过"示范效应""竞争效应"等途径对本地绿色增长效率提升产生积极作用。

5.4　相关机制检验

5.4.1　技术创新机制检验

技术创新是经济增长的内生动力。创新型人力资本数量和质量的提高意味着经济社会整体技术创新能力的提高，这可以提高劳动生产率，促进产业结构升级，实现生产要素的优化配置，进而获得更高的绿色全要素生产率。根据前文理论分析，通过在上述空间杜宾模型中加入交互项进一步检验创新型人力资本通过技术创新提高绿色全要素生产率的路径机制，结果如表 5.6 所示。其中，技术创新的衡量指标同 4.3 节，采用新产品销售收入为具体衡量指标。

表 5.6　技术创新机制检验结果

变量	W_{ij}^d	$W_{ij}^{0 \sim 1}$	W_{ij}^d	$W_{ij}^{0 \sim 1}$
$IHCA$	-0.090 (0.062)	-0.084 (0.0629)	—	—
$IHCQ$	—	—	-1.116*** (0.209)	-1.076*** (0.216)

续表

变量	W_{ij}^d	$W_{ij}^{0\sim1}$	W_{ij}^d	$W_{ij}^{0\sim1}$
$IHCA \times inov$	0.011 ** (0.005)	0.011 ** (0.005)	—	—
$IHCQ \times inov$	—	—	0.109 *** (0.020)	0.105 *** (0.196)
$inov$	0.097 * (0.005)	0.138 *** (0.051)	0.007 (0.06)	0.022 (0.055)
fdi	0.046 (0.427)	0.065 (0.044)	0.633 (0.434)	0.088 ** (0.044)
gov	−0.355 (0.0427)	−0.001 (0.560)	−0.05 (0.558)	−0.260 (0.548)
urb	−0.422 (0.752)	0.153 (0.733)	−0.886 (0.741)	0.319 (0.728)
ex	−0.447 *** (0.161)	−0.464 *** (0.163)	−0.333 ** (0.164)	−0.407 *** (0.166)
$infra$	0.491 *** (0.117)	0.432 *** (0.113)	0.637 *** (0.118)	0.538 *** (0.112)
reg	0.000 *** (0.001)	0.000 *** (0.000)	0.000 *** (0.000)	0.000 *** (0.000)
$W \times IHCA$	0.143 (0.228)	−0.238 ** (0.112)	—	—
$W \times IHCQ$	—	—	0.327 (0.998)	0.491 (0.377)
$W \times IHCA \times inov$	−0.360 * (0.020)	0.130 (0.008)	—	—
$W \times IHCQ \times inov$	—	—	−0.021 (0.098)	−0.042 (0.035)
$W \times inov$	0.583 *** (0.190)	0.033 (0.092)	−0.0025 (0.235)	−0.005 (0.103)
$W \times fdi$	0.035 (0.238)	0.043 (0.097)	0.111 (0.213)	0.041 (0.095)
$W \times gov$	−12.354 *** (2.693)	−3.21 *** (1.101)	−4.934 ** (2.351)	−2.624 ** (1.115)
$W \times urb$	12.354 *** (2.517)	5.004 *** (1.263)	5.283 ** (2.170)	3.697 *** (1.153)

续表

变量	W_{ij}^{d}	$W_{ij}^{0 \sim 1}$	W_{ij}^{d}	$W_{ij}^{0 \sim 1}$
$W \times ex$	-2.322*** (0.614)	-0.390 (0.317)	-0.721 (0.521)	-0.254 (0.293)
$W \times infra$	-1.088*** (0.2278)	-0.808*** (0.171)	-0.640** (0.274)	-0.645*** (0.171)
$W \times reg$	-0.006*** (0.0002)	-0.0002 (0.0001)	-0.0001 (0.0001)	-0.0001 (0.0001)
ρ	0.290*** (0.109)	0.171*** (0.062)	0.265** (0.116)	0.177*** (0.060)
$\_cons$	-6.105*** (1.110)	-1.647 (0.518)	-0.1735 (1.142)	-0.525 (0.545)
$sigma\_e$	0.723*** (0.005)	0.080*** (0.006)	0.077*** (0.005)	0.082*** (0.006)
$log - likelihood$	114.047	134.152	126.236	139.725
Hausman 检验 P 值	0.000	0.000	0.000	0.000
R^2	0.640	0.608	0.625	0.598
观测数	450	450	450	450

注："*""**""***"分别表示在10%、5%和1%的水平上显著。括号内为标准误。

由交互项检验的结果可以得出,交互项系数均显著为正,结合前面全区域回归结果可知,创新型人力资本数量和创新型人力资本质量通过提高区域技术创新能力,进而促进绿色增长效率的提升。该结果进一步表明,教育投入,尤其是高等教育投入不仅可以培育劳动者的创新思维、提高劳动者的创新实践能力,而且能够促进劳动者将学习和积累的知识与技能转化为实际技术运用于绿色生产,提升区域绿色增长效率。

5.4.2 空间溢出效应机制检验

依据前文理论分析,创新型人力资本不仅可通过技术创新机制对绿色增长效率产生影响,而且可通过空间溢出效益机制作用于区域绿色增长效率。对此,尽管基础回归模型中核心解释变量空间滞后项 $W \times IHCA$ 和 $W \times IHCQ$ 具有一定的解释力,但难以说明创新型人力资本对区域绿色增长水平的边际影响,因此对基准模型的估计结果进一步分解,结果如表5.7所示。

表 5.7 空间溢出效应机制检验结果

效应	变量	W_{ij}^{d}	$W_{ij}^{0\sim1}$	W_{ij}^{d}	$W_{ij}^{0\sim1}$
总效应	IHCA	-0.240*** (0.072)	-0.012 (0.021)	—	—
	IHCQ	—	—	0.210 (0.147)	0.106 (0.077)
	fdi	-0.296 (0.335)	0.155 (0.118)	0.158 (0.284)	0.131 (0.119)
	gov	-9.997*** (3.082)	-4.333*** (1.302)	-6.808** (2.742)	-3.946*** (1.262)
	urb	21.180*** (4.167)	7.182*** (1.478)	7.839*** (1.398)	6.231*** (0.979)
	ex	-3.309*** (0.955)	-1.352*** (0.411)	-1.563** (0.740)	-1.124*** (0.367)
	infra	-0.382 (0.295)	-0.073 (0.184)	-0.130 (0.276)	-0.130 (0.195)
	reg	-0.001** (0.000)	0.0001** (0.000)	0.0001** (0.000)	0.0001** (0.000)
直接效应	IHCA	0.047*** (0.01)	0.053*** (0.011)	—	—
	IHCQ	—	—	0.074*** (0.03)	0.063** (0.031)
	fdi	0.030 (0.043)	0.067 (0.044)	0.085** (0.044)	0.106** (0.044)
	gov	-0.155 (0.552)	-0.188 (0.536)	-0.846 (0.534)	-0.963* (0.52)
	urb	0.382 (0.689)	1.176* (0.673)	-0.541 (0.714)	0.861 (0.671)
	ex	-0.578*** (0.158)	-0.634*** (0.159)	-0.718*** (0.152)	-0.801*** (0.151)
	infra	0.564*** (0.114)	0.558*** (0.106)	0.717*** (0.117)	0.605*** (0.11)
	reg	0.000** (0.000)	0.000*** (0.000)	0.000*** (0.000)	0.000*** (0.000)

续表

效应	变量	W_{ij}^d	$W_{ij}^{0\sim1}$	W_{ij}^d	$W_{ij}^{0\sim1}$
空间溢出效应	IHCA	−0.287*** (0.071)	−0.065*** (0.019)	—	—
	IHCQ	—	—	0.136 (0.139)	0.042 (0.065)
	fdi	−0.326 (0.321)	0.088 (0.105)	0.073 (0.274)	0.025 (0.106)
	gov	−9.842*** (2.949)	−4.145*** (1.144)	−5.962** (2.632)	−2.983*** (1.11)
	urb	20.798*** (3.983)	6.007*** (1.27)	8.380*** (1.464)	5.370*** (0.957)
	ex	−2.731*** (91.13)	−0.718** (36.429)	−0.846 (70.38)	−0.322 (33.49)
	infra	−0.946*** (0.293)	−0.631*** (0.181)	−0.847*** (0.28)	−0.735*** (0.19)
	reg	−0.001*** (0.000)	0.0001 (0.0001)	0.0001 (0.0001)	0.0001 (0.0001)

注："*""**""***"分别表示在10%、5%和1%的水平上显著。括号内为标准误。

分析表5.7的空间溢出效应机制检验结果可以发现：第一，创新型人力资本数量的空间溢出效应显著为负，表现为空间负向溢出，表明周边地区创新型人力资本数量的增加不会促进本地绿色增长效率的提升，相反出现了显著的抑制作用。结合第3章我国创新型人力资本数量空间分布特征分析结果，该现象进一步表明，我国创新型人力资本集聚的空间效应表现为"虹吸效应"，并未呈现出良好的空间扩散作用。第二，创新型人力资本质量的空间溢出效应为正，但在一定的统计水平上不显著，这与当前我国整体创新型人力资本质量水平仍然不高，区域差距较大等原因有关。只有知识或技术能够快速应用于生产，才能表现出对绿色增长效率的提升作用。而区域间存在的人力资本质量和技术水平的较大差距导致技术的扩散很难大范围进行，并且导致溢出的技术在较短时间内难以应用与生产，进而表现为人力资本质量影响绿色增长效率的空间溢出效应不显著。

5.4.3 稳健性检验

上文利用两种空间权重矩阵进行回归，发现核心变量的回归系数方向及显著性未发生明显变化，说明本章设定的基础模型较为稳健。

进一步，从样本角度来看，若模型估计结果稳健，那么较小的样本容量变化并不会对模型估计结果造成致命的伤害。鉴于此，本章通过缩短时间窗口、减小样本容量的方式对模型的稳健性进行检验，去除 2004 年以及 2018 年的样本，对模型（5.10）和模型（5.11）进行估计，结果如表 5.8 所示。

表 5.8 稳健性检验结果

模型	(1) W_{ij}^d	(2) $W_{ij}^{0\sim1}$	(3) W_{ij}^d	(4) $W_{ij}^{0\sim1}$
IHCA	0.030 *** (0.008)	0.031 *** (0.008)	—	—
IHCQ	—	—	0.032 * (0.020)	0.026 (0.021)
fdi	0.0257 (0.030)	0.046 (0.031)	0.615 * (0.031)	0.069 ** (0.031)
gov	−0.091 (0.426)	−0.078 (0.427)	−0.585 (0.420)	−0.613 (0.409)
urb	1.368 ** (0.598)	2.038 *** (0.597)	0.623 (0.616)	1.863 *** (0.585)
ex	−0.562 *** (0.115)	−0.642 *** (0.119)	−0.637 *** (0.116)	−0.741 *** (0.116)
infra	0.199 * (0.103)	0.303 *** (0.097)	0.344 *** (0.105)	0.335 ** (0.099)
reg	0.000 * (0.000)	0.000 ** (0.000)	0.000 *** (0.000)	0.000 ** (0.000)
W × IHCA	−0.200 *** (−0.031)	−0.038 *** (−0.014)	—	—
W × IHCQ	—	—	−0.032 (−0.072)	−0.024 (−0.039)

续表

模型	（1）	（2）	（3）	（4）
	W_{ij}^d	$W_{ij}^{0 \sim 1}$	W_{ij}^d	$W_{ij}^{0 \sim 1}$
$W \times fdi$	−0.017 （−0.143）	0.066 （−0.063）	0.240 （−0.148）	0.037 （−0.066）
$W \times gov$	−3.864*** （−1.457）	−2.053*** （−0.791）	−0.851 （−1.499）	−1.356* （−0.753）
$W \times urb$	13.63*** （−2.026）	3.516*** （−1.029）	4.234*** （−1.202）	2.820*** （−0.752）
$W \times ex$	−80.43* （−41.780）	−4.853 （−24.190）	33.160 （−39.820）	15.260 （−21.320）
$W \times infra$	−0.615*** （−0.160）	−0.584*** （−0.133）	−0.611*** （−0.173）	−0.583*** （−0.138）
$W \times reg$	−0.0005*** （0.000）	0.000 （0.000）	0.000 （0.000）	0.000 （0.000）
ρ	0.311*** （0.107）	0.177*** （0.061）	0.252** （0.113）	0.164*** （0.061）
$\_cons$	−3.616*** （0.615）	−0.827*** （0.343）	−1.128*** （0.398）	−0.737*** （0.268）
$sigma\_e$	0.033*** （0.002）	0.037*** （0.003）	0.036** （0.003）	0.038*** （0.003）
$log-likehood$	35.130	12.108	14.843	4.9045
Hausman 检验 P 值	0.000	0.000	0.000	0.000
R^2	0.668	0.622	0.6329	0.6094
观测数	390	390	390	390

注："*""**""***"分别表示在10%、5%和1%的水平上显著。括号内为标准误。

表5.8 的结果显示，核心解释变量及其空间滞后项的估计系数方向和显著性依然未发生实质性改变，说明本章设定的模型比较稳健，研究结果具有较强的可靠性。

5.5 东部和中西部的异质性分析

区域发展不均衡是我国现阶段经济高质量发展亟待解决的重点问题之一，各地区不同的经济发展水平、技术水平等也将导致创新型人力资本对绿色增长效率产生不同的作用。鉴于此，在前文对创新型人力资本空间分布不均衡和绿色增长效率实证分析的基础上，本章进一步分东部地区和中西部地区对两个核心变量进行异质性检验。模型估计结果如表5.9和表5.10所示。

表5.9　东部地区模型估计结果

变量	(1) W_{ij}^d	(2) $W_{ij}^{0\sim1}$	(3) W_{ij}^d	(4) $W_{ij}^{0\sim1}$
IHCA	0.057*** (2.82)	0.045* (2.01)	—	—
IHCQ	—	—	0.054 (1.23)	0.087* (1.92)
fdi	0.048 (0.74)	0.052 (0.76)	0.072 (1.13)	0.063 (0.95)
gov	−1.691 (−0.81)	−4.283 (−1.64)	−3.819* (−1.88)	−6.666*** (−2.87)
urb	−1.155 (−0.80)	−1.482 (−0.99)	−0.881 (−0.59)	−1.066 (−0.75)
ex	−0.392 (−1.25)	−0.396 (−1.29)	−0.482 (−1.52)	−0.446 (−1.53)
infra	0.301 (0.98)	0.368 (1.28)	0.306 (0.98)	0.204 (0.71)
reg	0.0001 (1.46)	0.0002* (1.94)	0.0002* (−0.11)	0.0002** (2.24)
W × IHCA	0.135** (0.056)	0.0666* (0.037)	—	—

续表

变量	（1） W_{ij}^d	（2） $W_{ij}^{0\sim1}$	（3） W_{ij}^d	（4） $W_{ij}^{0\sim1}$
$W \times IHCQ$	—	—	-0.110 （0.087）	-0.116 （0.074）
$W \times fdi$	0.326* （0.173）	0.188 （0.147）	0.340* （0.178）	0.244 （0.151）
$W \times gov$	6.576 （6.316）	4.616 （4.373）	12.39* （6.421）	3.937 （3.910）
$W \times urb$	-13.23*** （4.568）	-5.230** （2.362）	-0.635 （2.873）	3.201* （1.760）
$W \times ex$	100.2 （67.36）	8.537 （45.00）	47.22 （59.81）	-75.61* （39.99）
$W \times infra$	0.663 （0.495）	0.322 （0.405）	0.136 （0.467）	0.545 （0.395）
$W \times reg$	0.0002 （0.0001）	0.0001 （0.0001）	-0.0001 （0.0001）	-0.0002 （0.0001）
ρ	0.395*** （0.101）	0.200*** （0.075）	0.413** （0.098）	0.258*** （0.073）
_cons	2.504 （1.30）	0.879 （0.94）	-0.153 （-0.11）	0.145 （0.22）
$sigma\_e$	0.150*** （8.49）	0.169*** （8.19）	0.156*** （8.56）	0.169*** （8.44）
$log - likehood$	-100.4409	-106.9532	-104.3168	-106.9758
Hausman 检验 P 值	0.000	0.000	0.000	0.000
R^2	0.5866	0.5556	0.5427	0.5369
观测数	165	165	165	165

注："*""**""***"分别表示在10%、5%和1%的水平上显著。括号内为标准误。

表5.10 中西部地区模型估计结果

变量	（1） W_{ij}^d	（2） $W_{ij}^{0\sim1}$	（3） W_{ij}^d	（4） $W_{ij}^{0\sim1}$
$IHCA$	0.027** （0.011）	0.038*** （0.000）	—	—

续表

变量	(1) W_{ij}^{d}	(2) $W_{ij}^{0 \sim 1}$	(3) W_{ij}^{d}	(4) $W_{ij}^{0 \sim 1}$
IHCQ	—	—	−0.013 (0.069)	−0.0375 (0.069)
fdi	−0.305* (0.186)	−0.098 (0.170)	−0.225 (0.187)	−0.419 (0.177)
gov	0.955** (0.475)	1.115** (0.454)	0.359 (0.449)	0.367 (0.441)
urb	1.823*** (0.694)	2.204*** (0.642)	1.762** (0.702)	2.019*** (0.664)
ex	0.948*** (0.348)	0.931*** (0.325)	1.152*** (0.352)	1.222*** (0.345)
infra	0.352*** (0.096)	0.266*** (0.000)	0.392*** (0.097)	0.352*** (0.092)
reg	0.001*** (0.000)	0.001*** (0.000)	0.001** (0.000)	0.001*** (0.000)
$W \times IHCA$	−0.086** (−0.037)	−0.067*** (−0.018)	—	—
$W \times IHCQ$	—	—	0.441** (−0.203)	0.086 (−0.134)
$W \times fdi$	−0.199 (−0.491)	0.419 (−0.274)	−0.307 (−0.498)	0.291 (−0.286)
$W \times gov$	−3.84*** (−1.325)	−1.725** (−0.741)	−3.468** (−1.348)	−1.401* (−0.756)
$W \times urb$	5.586*** (−1.988)	1.058 (−0.982)	2.759** (−1.257)	0.834 (−0.829)
$W \times ex$	−188.1* (−108.000)	−17.330 (−52.280)	−224.7** (−112.500)	−95.92* (−55.100)
$W \times infra$	−0.798*** (−0.198)	−0.497*** (−0.119)	−0.806*** (−0.187)	−0.548*** (−0.126)
$W \times reg$	0.000 (0.000)	−0.0004* (0.000)	0.000 (0.000)	0.000 (0.000)

续表

变量	（1）	（2）	（3）	（4）
	W_{ij}^d	$W_{ij}^{0 \sim 1}$	W_{ij}^d	$W_{ij}^{0 \sim 1}$
ρ	0.220*	0.352***	0.129	0.271***
	（0.129）	（0.063）	（0.137）	（0.067）
_cons	-0.981**	-0.655***	-0.062	-0.334*
	（0.446）	（0.245）	（0.240）	（0.192）
sigma_e	0.030***	0.027***	0.030***	0.030***
	（0.003）	（0.002）	（0.003）	（0.003）
log-likehood	57.827	63.757	54.711	53.974
Hausman 检验 P 值	0.000	0.000	0.000	0.000
R^2	0.679	0.671	0.674	0.656
观测数	285	285	285	285

注："*""**""***"分别表示在10%、5%和1%的水平上显著。括号内为标准误。

我们在异质性分析过程中不难发现，东部地区创新型人力资本数量和质量的主效应显著为正；中西部地区创新型人力资本数量的主效应显著为正，而创新型人力资本质量的主效应为负且并不显著。这可能是因为中西部地区高层次人才培养与市场需求错位或脱钩，创新型人力资本投入不能完全满足产业结构升级、绿色创新发展的需求。在矩阵分解结果中，东部地区创新型人力资本数量的空间溢出效应显著为正，而创新型人力资本质量表现为空间抑制效应但不显著；中西部地区创新型人力资本数量表现出显著的空间抑制效应，创新型人力资本质量存在空间溢出效应且只在距离权重下显著。这说明东部地区的人才集聚产生的知识、技术溢出作用正在消失，而中西部地区的创新型人力资本数量并不能产生很好的效果，应该致力于完成由数量向质量的转变，才能更好地提高绿色增长效率。出现上述结果的原因可能是拥有高学历并不完全意味着具备较强的环保意识。高等教育劳动者技术创新的主要目的只着眼于改善劳动效率进而推动经济增长，而对资源利用率的优化和污染排放量的降低没有给予足够的重视。相关控制变量的影响与全区域回归结果大致相同，但是可以发现，中西部地区的政府规模和城市化水平对绿色增长效率的影响显著为正。这说明在经济发展较为缓慢的地区，政府干预能更好地促进绿色发展规划的实施，较为公平地进行资源分配；城市化进程能较为有效地提高集约化程度和处理环境污染的能力。

本章小结

本章在构建 SBM-GML 绿色增长效率测度模型及测度指标体系的基础上，对我国省际层面的绿色增长效率进行了测度，以此为基础通过构建面板空间计量模型重点研究了创新型人力资本影响绿色增长效率的实际作用与内在机制。研究的主要结论包括：

第一，我国省际层面绿色增长效率存在显著的正向空间相关性，并且除四川省之外，其余属于"高—高"集聚的地区均为北京、天津、河北、山东、上海等东部地区。中西部地区自身及邻近地区的 GTFP 普遍偏低，因此其集聚特征多呈现为"低—低"集聚。

第二，创新型人力资本是区域绿色技术创新的主体，创新型人力资本数量和质量的增加是推动区域绿色创新和绿色技术积累的重要动力来源，创新型人力资本数量和创新型人力资本质量对绿色增长效率提升具有显著的促进作用。在"本地市场效应"和"价格指数效应"的作用下，周边地区创新型人力资本的增加会进一步导致本地创新型人力资本的流失，因而周边地区创新型人力资本增加呈现出对本地绿色增长效率提升的抑制作用。

第三，东部地区创新型人力资本数量和质量对绿色增长效率具有显著的促进作用；中西部地区创新型人力资本数量对绿色增长效率的作用显著为正，而创新型人力资本质量对绿色增长效率未能表现出显著的促进作用。

第四，周边地区绿色增长效率的提升可通过"示范效应"和"竞争效应"等路径对本地绿色增长效率产生积极作用。当前，我国创新型人力资本数量对绿色增长效率提升具有显著的空间负向溢出作用，而创新型人力资本质量对绿色增长效率提升的空间溢出效应并不显著。

6 创新型人力资本影响区域绿色增长收敛的实证分析

第3章的研究显示，我国创新型人力资本空间分布不均衡现象明显，东部地区创新型人力资本数量和质量明显高于中部和西部地区。因此从"量"的积累来看，其推动各区域绿色增长的作用存在差异。第4章关于创新型人力资本影响区域绿色增长的研究则显示，创新型人力资本在推动区域绿色增长水平提升的作用中，中西部地区更强，而东部地区较弱，因此从边际作用来看，各区域创新型人力资本对区域绿色增长的作用也存在差异。综合来看，创新型人力资本积累"量"大的地区边际作用较弱，边际作用较强的地区创新型人力资本积累"量"小。那么一个自然的问题是，创新型人力资本推动了区域绿色增长的收敛还是发散？对该问题的研究不仅有利于我国区域绿色协调发展政策的制定，而且有利于区域绿色协调发展策略的选择。本章将针对这一问题展开进一步的实证研究。

6.1 研究设计

6.1.1 条件 β 收敛

覃成林和杨霞（2017）的研究指出，经济发展的收敛性是检验区域经济协调发展的主要依据之一，同理，对于绿色增长的收敛性，则是检验区域绿色协调发展的主要依据之一。因此，本章根据区域经济增长收敛假说，选择 β 收敛模型进一步考察创新型人力资本发展对区域绿色增长收敛的作用。依据新古典经济理论，要素的边际报酬是递减的，进而不同地区或国家的绿色增长是趋同的。进一步考虑区域间的空间关联，绿色增长收敛的速度则慢于新古典增长模型中的速度（吴玉鸣，2006）。本书第 2 章的理论分析及第 4 章空间相关性检验研究结果表明，创新型人力资本可以通过空间溢出效应影响我国绿色增长，并且我国创新型人力资本、绿色增长均存在显著的空间相关性，依此来看，忽略空间关联效应的收敛模型设定会高估创新型人力资本促进我国绿色增长收敛的作用。基于此，借鉴杨骞和秦文晋（2018）的研究，本章建立了以空间杜宾模型为基础的收敛模型：

$$\log\left(\frac{y_{it}}{y_{it-1}}\right) = C + \beta \ln y_{it-1} + \rho W \log\left(\frac{y_{it}}{y_{it-1}}\right) + \gamma W \times \ln y_{it-1} + \theta IHC_{it} + \phi W \times IHC_{it} + \mu_{it} \qquad (6.1)$$

式（6.1）中，y 为地区绿色增长水平；W 为空间权重，依然采用 queen 邻接权重和倒数地理距离权重；IHC 为地区创新型人力资本水平，包括数量和质量两部分的内容；若 β 显著为负，表明区域绿色增长存在条件收敛特征，反之则发散；若 θ 显著为正，表明创新型人力资本水平的提高对区域绿色增长率的提升具有正向作用，反之亦然；如 ϕ 显著为正，表明周边地区创新型人力资本水平的提高对本地绿色增长率的提升具有正向作用，反之亦然。

不难发现，模型（6.1）中，θ 和 ϕ 的显著与否，仅能反映创新型人力资本及其空间作用对区域绿色增长的影响，较难直接反映创新型人力资本对区域绿色增长收敛的作用，对此，有学者采用对比绝对 β 收敛模型和加入研究核心变量的条件 β 收敛模型二者的收敛情况或收敛速度的方法进行分析研究（陈丰龙等，2018）。借鉴该思路，本章进一步进行如下设定：影响一个区域绿色增长的因素很多，笔者选取影响区域绿色增长的外商直接投资（FDI）、产业结构（IND_S）、市场化程度（MD）以及邻近地区的这些因素作为控制变量，构建空间收敛模型如下：

$$\log\left(\frac{y_{it}}{y_{it-1}}\right) = C + \beta \ln y_{it-1} + \rho W \log\left(\frac{y_{it}}{y_{it-1}}\right) + \gamma W \times \ln y_{it-1} + \phi_1 \ln FDI + \phi_2 IND\_S + \phi_3 MD +$$
$$\phi_1 W \times \ln FDI + \phi_2 W \times IND_S + \phi_3 W \times MD + \mu_{it} \qquad (6.2)$$

其中，外商直接投资、产业结构及市场化程度分别以外商实际投资额、工业增加值占 GDP 的比重和市场化指数为具体衡量指标（同第 4.1.2 节）。

接下来，为分析创新型人力资本对区域绿色收敛的影响，笔者在模型（6.2）中加入创新型人力资本变量：

$$\log\left(\frac{y_{it}}{y_{it-1}}\right) = C + \beta \ln y_{it-1} + \rho W \log\left(\frac{y_{it}}{y_{it-1}}\right) + \gamma W \times \ln y_{it-1} + \theta IHC_{it} + \phi W \times IHC_{it} + \phi_1 \ln FDI +$$
$$\phi_2 IND\_S + \phi_3 MD + \phi_1 W \times \ln FDI + \phi_2 W \times IND_S + \phi_3 W \times MD + \mu_{it} \qquad (6.3)$$

对比模型（6.3）和模型（6.2）的收敛性及收敛速度情况，若模型（6.2）收敛速度较大，而模型（6.3）收敛速度较小；抑或模型（6.2）的估计结果显示具有收敛性，而模型（6.3）的估计结果显示区域绿色增长不具有收敛性，则说明创新型人力资本要素的加入降低了模型的收敛性，创新型人力资本对区域绿色增长具有"极化"作用。

对于研究变量相关数据的来源，第4章已进行详细阐述，在此不再说明。

6.1.2　俱乐部收敛

俱乐部收敛是一种常见的收敛形态，在全球各个经济体的增长过程中普遍存在。然而，只有经济结构特点相似、初始状态较为接近的地区才会最终趋于同一稳态。对我国经济增长的俱乐部收敛特征，相关研究表明，即存在东部、中部、西部三个收敛俱乐部（沈坤荣和马俊，2002），也存在东部和中西部"双峰趋同"（徐现祥和李郇，2004；潘文卿，2010）。东部地区较中西部地区有明显的创新型人力资本优势和绿色增长优势，而中部和西部地区比较，则中部的创新型人力资本积累高于西部。但从内部结构来看，中部湖北、河南、山西等地的经济增长对工业依赖性较强，西部甘肃、青海、宁夏等地的产能较为落后，因此中西部有着比较相似的内部结构。鉴于此，本章将依旧按照东部和中西部的划分来进行俱乐部收敛分析。

另外，对于俱乐部收敛，有研究通过在 β 收敛模型的基础上加入地区虚拟变量的形式来设计实证分析模型，但这往往是考虑绝对 β 收敛的情形。本章俱乐部收敛的分析采用分组回归的方式进行，即以式（6.2）和式（6.3）为具体模型形式，将样本分为东部、中西部分别进行回归分析。

6.2　实证分析

6.2.1　条件 β 收敛分析

在两种权重下，对模型（6.2）和模型（6.3）进行估计，首先分析创新型人力资本数量对绿色增长收敛的影响，Hausman 检验结果表明，固定效应下的模型估计结果更优，因此在固定效应下对模型进行估计，结果如表6.1所示。

表 6.1　创新型人力资本数量的绿色增长收敛效应模型估计结果

变量	W_{ij}^{d}		$W_{ij}^{0\sim1}$	
	（1）	（2）	（3）	（4）
$\ln y_{it-1}$	−0.2552 ***	−0.2306 ***	−0.3142 ***	−0.2879 ***
	（0.0347）	（0.0349）	（0.0361）	（0.0368）
$IHCA$	0.0341 ***	—	0.0346 ***	—
	（0.0092）		（0.0089）	
$INDS$	−0.0003	−0.0004	−0.0006	−0.0007
	（0.0005）	（0.0005）	（0.0005）	（0.0005）
$\ln FDI$	0.0014	0.0010	0.0007	0.0013
	（0.0027）	（0.0028）	（0.0026）	（0.0026）
MD	−0.0003	0.0003	0.0012	0.0005
	（0.0031）	（0.0033）	（0.0032）	（0.0034）
$W \times \ln y_{it-1}$	0.1229 **	0.0942 *	0.1883 ***	0.1577 ***
	（0.0575）	（0.0578）	（0.0448）	（0.0459）
$W \times IHCA$	−0.1032 ***	—	−0.0535 ***	—
	（0.0252）		（0.0117）	
$W \times INDS$	−0.0052 ***	−0.0028 **	−0.0028 **	−0.0019 **
	（0.0015）	（0.0013）	（0.0009）	（0.0009）
$W \times \ln FDI$	0.0306 ***	0.0096 *	0.0191 ***	0.0123 ***
	（0.0091）	（0.0055）	（0.0048）	（0.0040）
$W \times MD$	0.0008	−0.0022	−0.0002	−0.0012
	（0.0042）	（0.0042）	（0.0038）	（0.0039）
ρ	0.7472 ***	0.7782 ***	0.6368 ***	0.6318 ***
	（0.0444）	（0.1020）	（0.0358）	（0.0364）
$sigma\_e$	0.0007 ***	0.0007 ***	0.0007 ***	0.0007 ***
	（0.0001）	（0.0001）	（0.0001）	（0.0001）
$\log - likehood$	922.877	911.310	906.544	893.278
Hausman 检验 P 值	0.0000	0.0016	0.0000	0.0000
R^2	0.3010	0.2444	0.15535	0.6596
收敛速度	0.2946	0.2621	0.3772	0.3395
观测数	420	420	420	420

注："＊""＊＊""＊＊＊"分别表示在 10%、5% 和 1% 的水平上显著。括号内为标准误。

分析表 6.1 模型的估计结果：在距离权重下，纳入和未纳入创新型人力资本数量，参数 β 的估计系数分别为-0.2552 和-0.2306，均在 1%的水平上显著，对应绿色增长收敛速度分别为 0.2946 和 0.2621，说明我国创新型人力资本数量能够显著促进区域绿色增长收敛。IHCA 的空间滞后项 $W \times IHCA$ 的系数在距离权重和邻接权重下均在 1%的水平上显著为负，即我国创新型人力资本数量的空间溢出作用对区域绿色增长收敛作用显著，但该作用表现为抑制了绿色增长收敛，是一种负向的空间溢出效应；可以发现，在纳入创新型人力资本数量时，绿色增长收敛的速度较大，且该收敛显著，表明创新型人力资本及其空间效应对绿色增长收敛作用积极，具有显著的绿色增长收敛效应。在邻接权重下，模型的估计结果同样认为创新型人力资本数量可以显著推动区域绿色增长收敛且收敛速度为 0.3772。与此同时，我们可以发现，邻接权重下绿色增长收敛的速度明显大于距离权重下绿色增长的收敛速度，这表明在考虑随距离衰减的绿色增长空间关联关系时，绿色增长的速度将减缓，这与吴玉鸣（2006）的研究发现一致，即在考虑经济活动空间关联关系后，绿色增长收敛的速度将慢于新古典增长模型中的速度。

接下来，本章进一步分析创新型人力资本质量对绿色增长收敛的影响。对未纳入和纳入创新型人力资本质量的模型（6.2）和模型（6.3）在距离权重和邻接权重下分别进行估计，Hausman 检验结果同样显示，固定效应下的模型估计结果更优。因此，在固定效应下对模型进行估计，结果如表 6.2 所示。

表 6.2　创新型人力资本质量的绿色增长收敛效应模型估计结果

变量	W_{ij}^{d}		$W_{ij}^{0 \sim 1}$	
	（1）	（2）	（3）	（4）
$\ln y_{it-1}$	-0.2323*** (0.0351)	-0.2306*** (0.0349)	-0.2901*** (0.0368)	-0.2879*** (0.0368)
IHCQ	0.0032 (0.0272)	—	0.0179 (0.0274)	—
INDS	-0.0004 (0.0005)	-0.0004 (0.0005)	-0.0007 (0.0005)	-0.0007 (0.0005)
$\ln FDI$	0.0009 (0.0028)	0.0010 (0.0028)	0.0013 (0.0026)	0.0013 (0.0026)
MD	0.0005 (0.0032)	0.0003 (0.0033)	-0.0008 (0.0033)	0.0005 (0.0034)

续表

变量	W_{ij}^d		$W_{ij}^{0\sim1}$	
	（1）	（2）	（3）	（4）
$W \times \ln y_{it-1}$	0.0743 *	0.0942 *	0.1651 ***	0.1577 ***
	（0.0510）	（0.0578）	（0.0476）	（0.0459）
$W \times IHCQ$	0.1068	—	-0.0449	—
	（0.0985）		（0.0616）	
$W \times INDS$	-0.0027 **	-0.0028 **	-0.0020 **	-0.0019 **
	（0.0014）	（0.0013）	（0.0009）	（0.0009）
$W \times \ln FDI$	0.0083	0.0096 *	0.0128 ***	0.0123 ***
	（0.0057）	（0.0055）	（0.0041）	（0.0040）
$W \times MD$	-0.0015	-0.0022	-0.0009	-0.0012
	（0.0043）	（0.0042）	（0.0039）	（0.0039）
ρ	0.7642 ***	0.7782 ***	0.6348 ***	0.6318 ***
	（0.0435）	（0.1020）	（0.0367）	（0.0364）
$sigma\_e$	0.0007 ***	0.0007 ***	0.0007 ***	0.0007 ***
	（0.0001）	（0.0001）	（0.0001）	（0.0001）
$log-likehood$	911.917	911.310	893.735	893.278
Hausman 检验 P 值	0.0036	0.0016	0.0000	0.0000
R^2	0.2868	0.2444	0.15535	0.6596
收敛速度	0.2644	0.2621	0.3426	0.3395
观测数	420	420	420	420

注："*""**""***"分别表示在10%、5%和1%的水平上显著。括号内为标准误。

表6.2的结果显示：在纳入和未纳入创新型人力资本质量的模型中，参数 β 的估计系数均为负，且在1%的水平上显著，说明创新型人力资本质量显著促进了区域绿色增长收敛，表明我国绿色增长存在显著的条件 β 收敛效应；IHCQ 的空间滞后项 W×IHCQ 的系数不显著，表明创新型人力资本质量的空间效应对区域绿色增长未呈现出显著的促进作用。另外，不论是在距离权重还是在邻接权重下，在纳入了创新型人力资本质量的模型中，绿色增长显示出了更大的收敛速度（0.2644>0.2621；0.3426>0.3395），表明创新型人力资本质量及其空间效应对区域绿色增长收敛作用积极，创新型人力资本质量具有显著的绿色增长收敛效应。同样，距离权重下绿色增长收敛的速度小于邻接权重，表明绿色增长复杂空间关联关系的加入会降低绿色增长收敛的速度。

6.2.2 俱乐部收敛分析

前文分析显示，我国各省份之间的绿色增长存在显著的条件 β 收敛现象，进一步要考虑的问题是，在东部和中西部两大区域内，绿色增长的收敛情况是否存在？创新型人力资本对绿色增长收敛的作用如何？即绿色增长是否存在俱乐部收敛现象，创新型人力资本是否推动了绿色增长的俱乐部收敛？针对这些问题，本章将进一步分析。

首先是东部地区，分析其创新型人力资本数量对绿色增长收敛的作用，由于 Hausman 检验结果均在 1% 的水平上通过了检验，因此选择固定效应对模型进行估计，结果如表 6.3 所示。

表 6.3　东部地区创新型人力资本数量的绿色增长收敛效应模型估计结果

变量	W_{ij}^d		$W_{ij}^{0\sim1}$	
	（1）	（2）	（3）	（4）
$\ln y_{it-1}$	-0.3633*** (0.0659)	-0.3240*** (0.0681)	-0.4189*** (0.0692)	-0.3589*** (0.0712)
IHCA	0.0209 (0.0157)	—	0.0287* (0.0152)	—
INDS	-0.0039** (0.0016)	-0.0027* (0.0016)	-0.0029* (0.0016)	-0.0025* (0.0015)
$\ln FDI$	0.0001 (0.0069)	0.0024 (0.0071)	0.0032 (0.0065)	0.0027 (0.0065)
MD	-0.0017 (0.0057)	-0.0003 (0.0059)	0.0049 (0.0058)	0.0055 (0.0060)
$W \times \ln y_{it-1}$	-0.0703 (0.1311)	-0.0594* (0.0578)	0.1307 (0.0893)	0.0363 (0.0905)
$W \times IHCA$	-0.1352*** (0.0343)	—	-0.0597*** (0.0186)	—
$W \times INDS$	-0.0145*** (0.0043)	-0.0072** (0.0033)	-0.0075** (0.0028)	-0.0062** (0.0025)
$W \times \ln FDI$	0.0236 (0.0158)	0.0014 (0.0152)	0.0033 (0.0100)	-0.0025 (0.0101)

续表

变量	W_{ij}^d		$W_{ij}^{0\sim1}$	
	（1）	（2）	（3）	（4）
$W \times MD$	0.0018 (0.0069)	−0.0055 (0.0073)	−0.0104 (0.0065)	−0.0119* (0.0069)
ρ	0.4761*** (0.0903)	0.5396*** (0.0821)	0.5067*** (0.0358)	0.4770*** (0.0627)
$sigma\_e$	0.0011*** (0.0001)	0.0012*** (0.0001)	0.0010*** (0.0001)	0.0011*** (0.0001)
$log - likehood$	303.121	294.490	301.593	294.393
Hausman 检验 P 值	0.0000	0.0064	0.0008	0.0002
R^2	0.1334	0.1406	0.1395	0.1418
收敛速度	0.4515	0.3917	0.5428	0.4446
观测数	154	154	154	154

注："*""**""***"分别表示在10%、5%和1%的水平上显著。括号内为标准误。

分析表6.3的结果可知：绿色增长一阶时间滞后项的估计系数均为负，且在 1%的水平上显著，表明东部地区绿色增长存在显著的条件β收敛现象。在距离 权重和邻接权重下，创新型人力资本数量及其空间滞后项的纳入将绿色增长收敛 速度分别提升了约15.27%和22.09%，推动了区域绿色增长收敛。在东部地区， 创新型人力资本数量具有显著的绿色增长收敛效应。

其次，分析创新型人力资本质量对东部地区绿色增长收敛的作用，Hausman检 验结果在5%和1%的水平上显著，同样认为固定效应模型更优。因此，以东部地区 为样本，在固定效应下对模型（6.2）和模型（6.3）进行估计，结果如表6.4 所示。

表6.4 东部地区创新型人力资本质量的绿色增长收敛效应模型估计结果

变量	W_{ij}^d		$W_{ij}^{0\sim1}$	
	（1）	（2）	（3）	（4）
$\ln y_{it-1}$	−0.3310*** (0.0683)	−0.3240*** (0.0681)	−0.3653*** (0.0713)	−0.3589*** (0.0712)
$IHCQ$	0.0259 (0.0377)	—	0.0255 (0.0364)	—

续表

变量	W_{ij}^d		$W_{ij}^{0~1}$	
	（1）	（2）	（3）	（4）
INDS	−0.0027* (0.0016)	−0.0027* (0.0016)	−0.0026* (0.0016)	−0.0025* (0.0015)
lnFDI	0.0030 (0.0070)	0.0024 (0.0071)	0.0030 (0.0066)	0.0027 (0.0065)
MD	−0.0001 (0.0060)	−0.0003 (0.0059)	0.0044 (0.0062)	0.0055 (0.0060)
$W \times \ln y_{it-1}$	−0.1116 (0.1373)	−0.0594* (0.0578)	0.0439 (0.0921)	0.0363 (0.0905)
$W \times IHCQ$	0.1163 (0.0927)	—	−0.0343 (0.0659)	—
$W \times INDS$	−0.0079** (0.0034)	−0.0072** (0.0033)	−0.0062** (0.0025)	−0.0062** (0.0025)
$W \times \ln FDI$	−0.0029 (0.0155)	0.0014 (0.0152)	−0.0024 (0.0103)	−0.0025 (0.0101)
$W \times MD$	−0.0041 (0.0074)	−0.0055 (0.0073)	−0.0109 (0.0007)	−0.0119* (0.0069)
ρ	0.5065*** (0.0881)	0.5396*** (0.0821)	0.4779*** (0.0629)	0.4770*** (0.0627)
sigma_e	0.0012*** (0.0903)	0.0012*** (0.0001)	0.0011*** (0.0001)	0.0011*** (0.0001)
log − likehood	295.445	294.490	294.789	294.393
Hausman 检验 P 值	0.0116	0.0064	0.0002	0.0002
R^2	0.1755	0.1406	0.1387	0.1418
收敛速度	0.4020	0.3916	0.4546	0.4446
观测数	154	154	154	154

注："*""**""***"分别表示在10%、5%和1%的水平上显著。括号内为标准误。

表6.4的结果显示：第一，绿色增长一阶时间滞后项的估计系数均为负，且在1%的水平上显著，同样表明东部地区绿色增长的条件β收敛现象存在；第二，在距离权重和邻接权重下，创新型人力资本质量的纳入将绿色增长收敛速度分别提升了约2.66%和2.25%，东部地区创新型人力资本质量的绿色增长收敛效应明

显。对比东部地区创新型人力资本数量和创新型人力资本质量对绿色增长收敛的影响发现，创新型人力资本数量提升绿色增长收敛速度的强度更大，这与东部地区自身经济水平较高，绿色技术开发难度较大，创新型人力资本质量仅能在绿色技术创新方面发挥作用，而创新型人力资本数量可以从绿色意识、绿色创新等方面同时发挥作用有关。另外，创新型人力资本数量空间滞后项对绿色增长的作用显著为负，与全国层面的估计结果相同，由于"虹吸效应"的存在，周边地区创新型人力资本数量的积累有利于东部地区的经济增长和绿色创新。

再次，分析中西部创新型人力资本数量对绿色增长收敛的影响，Hausman 检验结果显示，距离权重下未纳入创新型人力资本数量的模型在随机效应下的估计结果更优，其他模型均在固定效应下的估计结果更优。在此基础上，对模型进行估计，结果如表 6.5 所示。

表 6.5　中西部地区创新型人力资本数量的绿色增长收敛效应模型估计结果

变量	W_{ij}^d		$W_{ij}^{0\sim1}$	
	（1）	（2）	（3）	（4）
$\ln y_{it-1}$	-0.2153*** (0.0401)	-0.1195*** (0.0220)	-0.2758*** (0.0423)	-0.2671*** (0.0712)
$IHCA$	0.0513*** (0.0153)	—	0.0409*** (0.0159)	—
$INDS$	-0.0005 (0.0005)	-0.0004 (0.0003)	-0.0008 (0.0005)	-0.0008 (0.0005)
$\ln FDI$	-0.0002 (0.0029)	0.0018 (0.0016)	-0.0006 (0.0031)	0.0013 (0.0028)
MD	-0.0003 (0.0038)	0.0004 (0.0019)	-0.0067 (0.0042)	-0.0070 (0.0043)
$W \times \ln y_{it-1}$	0.1166** (0.0584)	-0.0037 (0.0421)	0.1498*** (0.0505)	0.1206** (0.0496)
$W \times IHCA$	-0.1020*** (0.0328)	—	-0.0684*** (0.0227)	—
$W \times INDS$	-0.0030** (0.0012)	-0.0026** (0.0010)	-0.0026*** (0.0008)	-0.0025*** (0.0009)
$W \times \ln FDI$	0.0237*** (0.0087)	0.0116** (0.0045)	0.0235*** (0.0054)	0.0164*** (0.0043)

续表

变量	W_{ij}^d		$W_{ij}^{0\sim1}$	
	（1）	（2）	（3）	（4）
$W \times MD$	0.0009 （0.0051）	−0.0013 （0.0036）	0.0080 （0.0050）	0.0074 （0.0050）
ρ	0.7586*** （0.0444）	0.7573*** （0.0439）	0.6044*** （0.0436）	0.6007*** （0.0443）
$sigma\_e$	0.0005*** （0.0000）	0.0006*** （0.0000）	0.0006*** （0.0000）	0.0006*** （0.0001）
$log-likehood$	620.056	606.912	603.089	597.454
Hausman 检验 P 值	0.0152	0.2640	0.0004	0.0025
R^2	0.3339	0.3381	0.1919	0.2090
收敛速度	0.2425	0.1273	0.3327	0.3107
观测数	266	266	266	266

注：" * "" * * "" * * * "分别表示在10%、5%和1%的水平上显著。括号内为标准误。

分析表 6.5 的结果可知：第一，绿色增长一阶时间滞后项系数在 1% 的水平上显著为负，表明中西部地区绿色增长的条件 β 收敛现象存在。第二，距离权重和邻接权重下创新型人力资本数量的纳入将绿色增长收敛速度分别提升了 90.49% 和 7.08%，并且，在考虑复杂距离衰减下的空间关联关系后，绿色增长的收敛速度会降低。对比东部与中西部绿色增长收敛的速度，东部地区的速度要快些；但进一步比较创新型人力资本数量在两个区域的相对作用可以发现，东部地区创新型人力资本数量对绿色增长收敛速度提升的平均作用为 18.68%（距离权重和邻接权重作用的平均值），中西部地区创新型人力资本数量对绿色增长收敛速度提升的平均作用为 48.75%，明显高于东部地区。其中的内在原因是东部地区的创新型人力资本数量对绿色增长速度提升的作用显著性较弱（见表 6.3），而中西部地区创新型人力资本数量对绿色增长速度提升的作用在 1% 的水平上显著，所以，虽然东部地区创新型人力资本数量较多，绿色增长水平较高，但创新型人力资本数量对绿色增长收敛速度提升的平均作用要弱一些，而中西部地区较低的绿色增长水平和较少的创新型人力资本数量，为增加创新型人力资本数量驱动绿色增长及绿色增长收敛留下了更大的空间。

最后，分析中西部地区创新型人力资本质量的绿色增长收敛效应。Hausman 检验结果显示，所有模型在随机效应下的估计结果更优，因此在随机效应下，以中西部地区为样本，对未纳入和纳入创新型人力资本质量的模型（6.2）和模型（6.3）进行估计，结果如表6.6所示。

表6.6 中西部地区创新型人力资本质量的绿色增长收敛效应模型估计结果

变量	W_{ij}^d		$W_{ij}^{0\sim1}$	
	（1）	（2）	（3）	（4）
$\ln y_{it-1}$	-0.1245^{***}	-0.1195^{***}	-0.2797^{***}	-0.2671^{***}
	（0.0228）	（0.0220）	（0.0433）	（0.0712）
$IHCQ$	0.0567^{**}	—	0.0598^{**}	—
	（0.0203）		（0.0297）	
$INDS$	-0.0004	-0.0004	-0.0007	-0.0008
	（0.0003）	（0.0003）	（0.0005）	（0.0005）
$\ln FDI$	-0.0016	0.0018	-0.0011	0.0013
	（0.0016）	（0.0016）	（0.0029）	（0.0028）
MD	-0.0001	0.0004	-0.0054	-0.0070
	（0.0022）	（0.0019）	（0.0044）	（0.0043）
$W \times \ln y_{it-1}$	-0.0523	-0.0037	0.1716	0.1206^{**}
	（0.0517）	（0.0421）	（0.0505）	（0.0496）
$W \times IHCQ$	0.2941^{*}	—	0.4212^{***}	—
	（0.01855）		（0.01543）	
$W \times INDS$	-0.0024^{**}	-0.0026^{**}	-0.0026^{***}	-0.0025^{***}
	（0.0010）	（0.0010）	（0.0009）	（0.0009）
$W \times \ln FDI$	0.0095^{**}	0.0116^{**}	0.0133^{***}	0.0164^{***}
	（0.0048）	（0.0045）	（0.0044）	（0.0043）
$W \times MD$	-0.0011	-0.0013	0.0043	0.0074
	（0.0038）	（0.0036）	（0.0051）	（0.0050）
ρ	0.7265^{***}	0.7573^{***}	0.5622^{***}	0.6007^{***}
	（0.0498）	（0.0439）	（0.04792）	（0.0443）
$sigma\_e$	0.0006^{***}	0.0006^{***}	0.0006^{***}	0.0006^{***}
	（0.0001）	（0.0000）	（0.0001）	（0.0001）
$\log - likelihood$	608.487	606.912	601.241	597.454
Hausman 检验 P 值	0.2345	0.2640	0.0043	0.0025
R^2	0.4105	0.3381	0.2952	0.2090

续表

变量	W_{ij}^d		$W_{ij}^{0 \sim 1}$	
	（1）	（2）	（3）	（4）
收敛速度	0.1330	0.1273	0.3281	0.3107
观测数	266	266	266	266

注："*""**""***"分别表示在10%、5%和1%的水平上显著。括号内为标准误。

从表6.6的结果不难发现，在距离权重和邻接权重下，纳入创新型人力资本质量变量，绿色增长收敛速度分别提升了4.48%和5.60%，中西部地区创新型人力资本质量具有显著的绿色增长收敛效应。同样，比较东部和中西部创新型人力资本质量在绿色增长中的作用，东部地区创新型人力资本质量对绿色增长收敛速度提升的平均作用为2.46%，中西部地区创新型人力资本对绿色增长收敛速度提升的平均作用为5.04%，明显高于东部地区，这与中西部地区人力资本质量不仅对本地绿色增长作用显著，而且具有显著的空间溢出效应有关（中西部地区，创新型人力资本质量变量 $IHCQ$ 及其空间滞后项 $W \times IHCQ$ 在模型中均显著为正）。

另外，总结本章条件β收敛分析及俱乐部收敛分析模型结果，一个重要的现象是，在距离权重下绿色增长收敛的速度较邻接权重下更慢，但创新型人力资本数量和质量的纳入，使距离权重下绿色增长收敛速度的提升较邻接权重下的更快，且这种快慢关系明显。该结果表明，尽管考虑随距离衰减的空间关联关系会降低绿色增长收敛速度，但这种复杂的空间关系会增加创新型人力资本知识和技术在空间的溢出或扩散强度，促使区域绿色增长较快收敛，有利于区域绿色增长协调发展。

本章小结

本章基于全国省级层面2004~2018年绿色增长和创新型人力资本数据，以空间动态面板模型为基础，设计构建了包含空间关联关系的创新型人力资本绿色增长收敛效应分析模型，并对我国东部和中西部绿色增长俱乐部收敛情况进行了研究，得出了以下主要结论：

第一，我国省际单元区域间绿色增长存在明显的条件β空间收敛特征，在距离权重表示的空间关联关系和邻接权重表示的空间关联关系下，绿色增长的条件β空间收敛特征存在较大差异。在距离权重下，纳入创新型人力资本数量和质量的模型，区域绿色增长收敛速度分别为0.2946和0.2644；在邻接权重下，纳入创新型人力资本数量和质量的模型，区域绿色增长收敛速度分别为 0.3772 和 0.3426。距离权重下的绿色增长收敛速度明显小于邻接权重下的绿色增长收敛速度，表明在考虑复杂空间关系后，由于绿色生产活动空间溢出效应等的存在，绿色增长收敛的速度会降低。

第二，我国创新型人力资本存在明显的绿色增长收敛效应，距离权重下创新型人力资本知识和技术的空间溢出或扩散更强，对绿色增长速度的提升更大。从全国层面来看，在距离权重下，创新型人力资本数量和质量的纳入会将绿色增长收敛速度分别提升了约 12.40% 和 0.88%；在邻接权重下，创新型人力资本数量和质量的纳入会将绿色增长收敛速度分别提升了约 11.10% 和 0.91%。这表明尽管考虑随距离衰减的空间关联关系会降低绿色增长收敛速度，但这种复杂的空间关系会增加创新型人力资本知识和技术在空间的溢出或扩散强度，有利于区域绿色增长协调发展。

第三，我国东部和中西部绿色增长存在俱乐部收敛现象，且中西部创新型人力资本数量和质量在绿色增长收敛中的作用强于东部地区。东部地区创新型人力资本数量对绿色增长收敛速度提升的平均作用为 18.68%，中西部地区创新型人力资本数量对绿色增长收敛速度提升的平均作用为 48.75%；东部地区创新型人力资本质量对绿色增长收敛速度提升的平均作用为 2.46%，中西部地区创新型人力资本质量对绿色增长收敛速度提升的平均作用为 5.04%。产生这种现象的主要原因在于东部地区自身绿色增长水平较高，创新型人力资本绿色创新的空间较小、难度较大，而中西部地区绿色增长水平较低，创新型人力资本稀缺，创新型人力资本增加及其产生的空间溢出效应对区域绿色增长作用显著。

7 结论、对策及展望

7.1 主要结论

2020 年 7 月 30 日，中共中央政治局会议明确指出："我国已进入高质量发展阶段，发展具有多方面优势和条件，同时发展不平衡不充分问题仍然突出。"发展不平衡不充分一直以来都是我国社会经济建设过程中存在的突出问题。我国各地区之间存在着不同程度的经济发展差距。要想解决发展不平衡不充分这个问题，就必须提高我国区域协调发展水平。全球气候不断恶化的事实迫使我国在促进区域协调发展的同时，还要严格执行节能减排的方案，开拓一条绿色的区域协调发展之路。创新型人力资本作为实现绿色增长和区域协调发展的关键要素，起着至关重要的作用。本书通过全国、区域两个层面对创新型人力资本进行深入研究，分别测算了创新型人力资本的数量和质量，分析了二者的时空格局和分布动态演进情况，检验了创新型人力资本数量和质量的交互作用对绿色增长、绿色增长效率及增长收敛的影响。具体研究结论如下：

第一，通过对全国、区域两个层面的创新型人力资本数量和质量的测算发现，无论是全国层面，还是区域层面，创新型人力资本数量和质量的水平都在样本期内保持总体上升趋势。具体来看，在全国层面上，样本期内，创新型人力资本数量的年均增长速度约为 8.04%，期末数量比期初数量增长了约 3.72 倍；创新型人力资本质量的年均增长速度约为 10.64%，期末数量比期初数量增长了约 5.58 倍。无论是年均增速还是总量增长，创新型人力资本质量都要强于创新型人力资本数量。在区域层面上，三大经济区的创新型人力资本数量和质量的水平也都在样本期内保持了总体的上升趋势。其中，从数量维度来看，样本期内，无论期初还是期末，创新型人力资本数量分布最多的是东部地区，长三角和珠三角是重点分布区域。随着经济社会的发展，创新型人力资本数量由东向西蔓延的发展态势也较为明显，但由于西北地区创新型人力资本数量分布较少，青海和宁夏"塌陷"现象明显，因而中西部地区创新型人力资本的积累仍然是一项艰巨的任务，尤其是面对各地"抢人"政策频出的情况下，如何在注重自身创新型人力资本培养的同时，不断努力"留住"本地的创新型人力资本，是该区域必须考虑的重点内容。从质量维度来看，东部地区仍然领先较多，其中，北京、上海和广东最为突出，随着经济社会的发展，由东向西发展蔓延的态势也较为明显，但对西部而言，创新型人力资本质量整体偏低的现象依旧明显，并且部分地区存在着创新型人力资本数量与质量发展水平差异较大的现象，如新疆。

第二，创新型人力资本区域差异分析结果显示，在全国层面上，创新型人力资本数量和质量在稳步上升的同时，其区域分布不均衡现象也在逐渐缓解，样本期内，创新型人力资本数量的区域差异年均下降约0.27%，创新型人力资本质量的区域差异年均下降约1.05%，由此可见，总体差异基本上保持稳定；在区域层面上，不论是东部、中部还是西部地区，研究样本期内，各区域创新型人力资本数量和质量的区域内差异均在逐步缩小，并且创新型人力资本质量区域内差异缩小的速度普遍高于创新型人力资本数量。对比三大区域的创新型人力资本数量，尽管东部与中部之间的差距已经缩小很多，但东部与西部的差距最为明显；在三大区域的创新型人力资本质量方面，还是东部与西部的差距最大，而中部与西部的差距最小，随着"西部大开发""中部崛起"等战略的实施及"国家创新驱动战略"的提出和践行，各地区都在注重人才培养和积累创新型人力资本，尽管中西部地区人才流失现象明显，但其创新型人力资本质量的提高速度较为可观。

第三，我国创新型人力资本空间分布动态演进规律的分析结果显示，在全国层面上，从数量维度来看，创新型人力资本数量的核密度曲线表现出整体偏左的趋势，表明我国创新型人力资本数量有待提高。从主峰分布形态来看，主峰高度略有下降但仍然是尖顶状态，说明我国创新型人力资本数量的区域差异下降程度较小，极化程度明显；从拖尾性来看，核密度图呈现出了一定的右拖尾现象，省际层面存在某一省份创新型人力资本数量明显高于其他省份的情况。从质量维度来看，我国创新型人力资本质量整体水平偏低的现象明显，但其空间分布不均衡的现象有所缓解，相较数量而言，创新型人力资本质量空间分布不均衡现象的缓解情况更为乐观。从区域层面来看，不论是数量维度还是质量维度，三大区域创新型人力资本数量和质量的空间分布不均衡现象均有所下降，其中中部和西部地区下降速度明显高于东部地区。从分布形态来看，东部和西部地区创新型人力资本空间分布的多极特征明显，且质量维度的多极化现象更为显著，西部地区更多地表现为单极状态。

第四，我国创新型人力资本影响区域绿色增长的分析结果显示，我国绿色增长水平和创新型人力资本均显现出了较强的空间相关性特征，并且这种空间相关性随经济社会的发展呈现出不断增强的态势，均主要表现为"高—高"和"低—低"的空间关联形式。创新型人力资本数量对区域绿色增长具有显著的正向促进作用，并且在"市场规模效应"和"价格指数效应"的作用下，周边地区创新型人力资本的增加会对本地创新型人力资本产生"虹吸效应"，不利于本地绿色增长水平的提升。现阶段我国整体创新型人力资本质量水平仍然不高，区域差距较大，因而创新型人力资本质量推动区域绿色增长的作用并不明显，但在距离权重下，创新型人力资本质量在绿色增长中存在一定的空间正向溢出作用。由于中西部和东部地区间经济发展水平、技术水平等方面差距较大，东部地区绿色技术的开发难度、空间匹配难度更大，创新型人力资本及其空间溢出效应提升区域绿色增长水平的作用在中西部地区更加明显。

第五，创新型人力资本影响绿色增长效率的研究结果显示，我国省际层面的绿色增长效率也存在显著的正向空间相关性，并且除四川省之外，其余属于"高—高"集聚的地区均为北京、天津、河北、山东、上海等东部地区，中西部地区的集聚特征多呈现为"低—低"集聚。创新型人力资本数量和创新型人力资本质量对绿色增长效率提升具有显著的促进作用，并且在"本地市场效应"和"价格指数效应"的作用下，周边地区创新型人力资本的增加会进一步导致本地创新型人力资本的流失，因而周边地区创新型人力资本增加会阻碍本地绿色增长效率的提高。周边地区绿色增长效率的提升可通过"示范效应"和"竞争效应"等路径对本地绿色增长效率产生积极作用。当前，我国创新型人力资本数量对绿色增长效率提升具有显著的空间负向溢出作用，而创新型人力资本质量对绿色增长效率提升的空间溢出效应并不显著。在区域异质性上，东部地区创新型人力资本数量和质量对绿色增长效率具有显著的促进作用，中西部地区创新型人力资本数量对绿色增长效率的作用显著为正；而创新型人力资本质量对绿色增长效率未能表现出显著的促进作用。

第六，创新型人力资本影响区域绿色增长收敛的检验结果显示，我国省际单元区域间绿色增长存在明显的条件 β 空间收敛特征，并且在考虑复杂空间关系后，由于绿色生产活动空间溢出效应的存在，绿色增长收敛的速度会降低；创新型人力资本存在明显的绿色增长收敛效应，距离权重下创新型人力资本知识和技术的空间溢出或扩散更强，对绿色增长速度的提升更大。在全国层面，距离权重下创新型人力资本数量和质量的纳入将绿色增长收敛速度分别提升了约 12.40% 和 0.88%；在邻接权重下，创新型人力资本数量和质量的纳入将绿色增长收敛速度分别提升了约 11.1% 和 0.91%，表明尽管考虑随距离衰减的空间关联关系会降低绿色增长收敛速度，但这种复杂的空间关系会增加创新型人力资本知识和技术在空间的溢出或扩散强度，有利于区域绿色增长协调发展。我国东部和中西部绿色增长均存在俱乐部收敛现象，并且，由于东部地区自身绿色增长水平较高，因此创新型人力资本绿色创新的空间较小、难度较大；而中西部地区绿色增长水平较低，创新型人力资本稀缺，创新型人力资本增加及其产生的空间溢出效应对区域绿色增长作用显著，中西部创新型人力资本数量和质量在绿色增长收敛中的作用强于东部地区。

7.2　对策建议

结合上述结论，本书提出四点相应的对策，以期为促进我国区域的绿色增长和协调发展，在全国范围内实现高质量发展做出贡献。

首先，我国要高度重视创新型人力资本的培养、开发和建设，不仅要注重创新型人力资本数量方面的积累，而且要有效促进创新型人力资本质量水平的提升，以确保创新型人力资本的数量和质量协调发展，进而充分发挥创新型人力资本的作用。从前面第一、第二个研究结论可知，虽然在全国层面及区域层面上创新型人力资本的数量规模和质量水平都在提升，对应的组内差距和组间差距也呈现出逐渐缩小的趋势，但有些区域的组内差距和组间差距缩减幅度较小，减缓速度较慢。从样本期的期初到期末，三大经济区的创新型人力资本数量都有较大幅度的增长，但不论是创新型人力资本数量还是质量，东部地区都拥有绝对优势，并且从质量水平来看，东部地区已开始进入较高水平的发展阶段，而中西部地区仍然处于低水平发展阶段，部分地区存在创新型人力资本数量和质量不匹配的现象，说明对于中西部地区而言，创新型人力资本的积累仍然是一项巨大的工程，不仅需要量上的积累，更需要质上的提升。国家"西部大开发""中部崛起""东北振兴"等一系列重大战略的提出为中西部及其他创新型人力资本水平较低的地区提供了一定的政策基础，加之国家教育政策的不断优化，中西部地区创新型人力资本积累取得了一定的成效，但从当前推动区域经济更高质量发展的需求来看，仍然存在较大的不足。创新和绿色发展离不开创新型人力资本，创新型人力资本的区域分布不均衡不利于实现协调发展。基于此，本书认为政府还需从顶层设计层面出台创新型人力资本培养扶持政策。例如，对参与更高层次培训、教育的就业人员给予相关生活补贴，优先解决其子女上学问题。而在地方政府层面，应根据自身创新型人力资本水平、总人口及就业人口基数，出台有利于并适用于本地人才培养的方式方法。例如，地方政府可推动科研院所、高校及企业间的合作，以应用为导向，提高创新型人力资本数量积累的速度，推动创新型企业、高校、科研机构对中小企业的创新帮扶。此外，西北地区可以主动搭建创新交流平台，加强与西南经济区之间的交流与合作，借鉴西南经济区在提升创新型人力资本质量方面的经验，提高自身的创新型人力资本质量。

其次，我国要努力降低创新型人力资本数量和质量的区域间差异，因为创新型人力资本 Dagum 基尼系数结果显示数量和质量的组间差异均是总体差异的主要来源，同时，创新型人力资本在全国层面、时期层面和区域层面都是造成我国地区经济差距的主要因素，所以缩小创新型人力资本在数量和质量上的区域间差异，对我国解决不平衡和不充分的发展难题，实现区域协调发展具有十分重要的作用。另外，我国关于创新型人力资本影响区域绿色增长及绿色增长效率的实证分析表明，邻近地区创新型人力资本数量和质量会对本地绿色增长及绿色增长效率产生正向空间溢出作用，所以不同区域间要在创新型人力资本培养、区域绿色发展的建设方面加强交流合作，强化知识的空间溢出作用，高水平的邻居区域可以凭借自身优势帮助低水平区域更有效地提升当地的创新型人力资本数量和质量水平，最大化创新型人力资本在整体区域绿色增长中的作用。

再次，我国要充分发挥创新型人力资本在促进经济增长方面的积极作用，并进一步提高创新型人力资本对区域绿色增长的贡献力度。创新型人力资本对绿色增长作用的检验结果显示，无论是全国层面还是区域层面，创新型人力资本的数量和质量均可显著地促进区域绿色增长及绿色增长效率的提升。在新发展阶段，我们需要充分发挥人力资本特别是创新型人力资本蕴含的边际报酬递增的作用。中央和地方政府要在对应的层次上发挥主导作用，积极出台有关政策并营造相应的环境和机会，让企业、科研院所及高校能够进行充分合作，进一步强化创新型人力资本的培养、开发与建设工作，充分挖掘创新型人力资本在促进经济绿色增长方面的潜力。在三大经济区中，不论是东部地区还是中西部地区，创新型人力资本数量推动区域绿色增长和绿色增长效率的作用均较为显著，但其空间溢出作用在全国层面表现为负向溢出，表明我国创新型人力资本数量和质量的水平仍然不能满足所有地区绿色增长的需求，尤其是西北地区，因此，西北经济区相对其他区域而言，其创新型人力资本基础要薄弱许多，在当地经济中能够发挥的作用比较有限。鉴于此，西北经济区的当务之急是要不断加大对创新型人力资本的培养和开发，以较快速度扩大和提高创新型人力资本的数量规模和质量水平。同时，应出台一些力度较大的人才引进政策，争取从发达地区吸引一批高素质的创新型人才到当地工作，从而带动当地创新型人才队伍的建设。

最后，我国要充分发挥创新型人力资本在区域绿色增长收敛中的积极作用，争取开创出一条绿色增长和区域协调发展的成功之路。创新型人力资本对绿色增长收敛的检验结果表明，在全国层面上，创新型人力资本能够显著促进绿色增长效率收敛；在区域层面上，三大经济区创新型人力资本数量和质量对区域绿色增长、绿色增长效率以及绿色增长收敛均存在显著的促进作用。现阶段，推动区域经济绿色增长、高质量发展不仅是国家顶层设计的重要内容，而且是各地区经济发展的主旋律，也是未来我国经济发展保持国际竞争力的关键要素。为了进一步推动绿色增长，在高质量发展战略的基础上，我国中央政府主动提出了具有战略性的"双碳目标"，以向世人展示我国坚定走绿色发展道路的决心。在这个大的发展背景和客观的环境制约条件下，创新型人力资本作为一种既能实现绿色增长又能提高绿色增长率的关键生产要素，可以很好地平衡我国在经济发展与环境保护之间的关系，因此，我国在高质量发展阶段要更加重视创新型人力资本的这种平衡作用，不仅要加大国内创新型人力资本的培育力度，还要吸引国外的创新型人力资本。通过这些努力，我国才能切实有效地推进绿色增长及区域协调发展，才能充分地实现高质量发展，解决不平衡不充分发展中的重大难题。

7.3　研究展望

本书从全国和区域两个层面对创新型人力资本进行了测算，运用空间统计分析技术、Dagum 基尼系数、核密度估计分析了创新型人力资本数量与质量的空间分布特征、区域差异及分布动态演进规律，并就创新型人力资本对促进绿色增长、绿色增长效率的提升及区域绿色增长收敛的作用进行了较为深入的分析，但仍存在一些不足之处，有待进一步完善，具体总结如下：

第一，由于受全国层面及各省份统计数据可获得性的限制，本书只选择了2001~2018年作为研究的样本期。对于本书所研究的宏观经济问题而言，研究样本期的时间跨度只有18年，反映出对研究问题长期性质的说明仍有待加强。在后续研究中，笔者计划考虑采用更长时间的样本期进行研究。例如，对我国改革开放初期至2018年创新型人力资本数量和质量的变动趋势、不同"五年规划"阶段创新型人力资本数量和质量的积累特征进行更为细致地分析，并且在实证分析中，可以根据不同的发展阶段或政策规划阶段，对创新型人力资本数量和质量的绿色增长效应的时间异质性进行分析。另外，当前关于创新型人力资本数量和质量的测算限于省际层面，随着当前社会经济的不断发展，宏观层面研究单元的细化是进一步的发展趋势，与此对应，在考虑数据可得性及地市级和县级单元性质的基础上，对地市级乃至县级层面创新型人力资本数量和质量进行测算，也是笔者在后续研究中需要进一步探索的重要议题。

第二，本书从数量和质量两个维度分别对创新型人力资本进行了测算。计算创新型人力资本数量时采用的是教育总年限法，计算创新型人力资本质量时是按照产出导向的逻辑来分析的，即以每万名受过高等教育的就业人员在三种专利数和国际三大检索中的论文数之和作为代理指标。虽然教育投资是一个人成为人力资本的最主要途径，但单独使用教育总年限法来核算创新型人力资本数量肯定是不够全面的，没有考虑健康、"干中学"、培训及迁移等其他方面的因素，因此，在后续研究中，将考虑逐步纳入这些因素，以对创新型人力资本数量进行更为细致准确的测度。另外，虽然按照产出逻辑以专利和论文的数量来表征创新型人力资本质量是一种可行的方法，但也有片面之处，没有考虑其他科研成果的产出形式，如专著、研究报告及软件著作权等，在今后的研究中，需要进一步将这些科研成果包括其中。

第三，本书主要从宏观层面探讨了创新型人力资本的绿色增长效应，从区域层面阐释了创新型人力资本数量和质量如何推动区域绿色增长、绿色增长效率提升以及绿色增长收敛的事实与内在机制，其中未涉及企业的生产行为、居民的消费行为。创新型人力资本的载体是受过高等教育的劳动者，他们既是生产者，也是消费者，而且是拥有较强"智力"的生产者和消费者，比普通消费者拥有更强的市场反应能力、更先进的生产和消费观念。据此，在微观层面上，创新型人力资本如何影响企业的生产行为，推动企业进行绿色生产；如何影响市场消费行为，推动绿色消费升级，进一步倒逼企业进行绿色生产，从而推动整体区域绿色增长和绿色增长效率的提升，则有待于后续从微观理论和微观实证两方面进一步开展相关研究。

参考文献

［1］埃德加·M. 胡佛.区域经济学导论［M］.王翼龙，译.北京：商务印书馆，1990.

［2］白勇.我国创新型人力资本技术效率研究［J］.商业研究，2016（4）：156-163.

［3］彼得·德鲁克.后资本主义社会［M］.张星岩，译.上海：上海译文出版社，1998.

［4］蔡昉，王德文.中国经济增长可持续性与劳动贡献［J］.经济研究，1999（10）：62-68.

［5］陈栋生.我国生产力布局的几个问题［J］.生产力布局与国土规划，1986（4）：3-14.

［6］陈丰龙，王美昌，徐康宁.中国区域经济协调发展的演变特征：空间收敛的视角［J］.财贸经济，2018，39（7）：128-143.

［7］陈汉鹏，卜振兴.人力资本测算及对经济增长的实证研究——基于第六次全国人口普查数据的分析［J］.重庆社会科学，2019（11）：66-79.

［8］陈宏，奉琴琴.中克两国高等教育回报率比较研究［J］.上海对外经贸大学学报，2017，24（2）：26-34.

［9］陈洁，刘君，李新运.蓝色经济区科技创新人才对经济发展的影响研究［J］.科技进步与对策，2017，34（4）：60-65.

［10］程必定.区域经济学——关于理论和政策问题的探讨［M］.合肥：安徽人民出版社，1989.

［11］程广帅，胡锦锈.人力资本积累对环境质量的影响［J］.城市问题，2019（10）：46-52.

［12］邓飞，柯文进.异质型人力资本与经济发展——基于空间异质性的实

证研究［J］.统计研究，2020，37（2）：93-104.

［13］邓俊荣，龙蓉蓉.异质型人力资本对区域经济增长作用机制研究［J］.科研管理，2017，38（12）：116-121.

［14］邓忠泉.试论我国九大经济区域划分［J］.世界经济情况，2010（9）：61-65.

［15］丁栋虹，刘志彪.从人力资本到异质型人力资本［J］.生产力研究，1999（3）：8-10.

［16］丁栋虹.从人力资本到异质型人力资本与同质型人力资本［J］.理论前沿，2001a（5）：13-15.

［17］丁栋虹.现代企业：一个异质型人力资本与同质型人力资本的合约［J］.唯实，2001b（6）：45-50.

［18］董亚娟，胡星生，季正.环境约束下人力资本对绿色经济绩效的影响分析［J］.统计与管理，2017（5）：54-58.

［19］杜丽群，王欢.家庭经济学视角下人力资本理论研究进展［J］.经济学动态，2021（5）：129-145.

［20］冯杰，张世秋.基于DEA方法的我国省际绿色全要素生产率评估——不同模型选择的差异性探析［J］.北京大学学报（自然科学版），2017，53（1）：151-159.

［21］付瑶，徐维林.创新人才对区域经济发展贡献度的实证分析——以山东半岛蓝色经济区为例［J］.理论探索，2014（4）：98-101.

［22］高素英，许龙，王羽婵，等.创新型人力资本对河北省医药制造业绩效提升的效应分析［J］.管理现代化，2016（3）：79-81.

［23］高远东，花拥军.异质型人力资本对经济增长作用的空间计量实证分析［J］.经济科学，2012（1）：39-50.

［24］国家统计局社科文司中国创新指数研究课题组.中国创新指数研究［J］.统计研究，2014，31（11）：24-28.

［25］韩德超.增值视角下的中国人力资本测度研究［J］.人口与经济，2021（3）：94-107.

［26］韩晶，刘远，张新闻.市场化、环境规制与中国经济绿色增长［J］.经济社会体制比较，2017（5）：105-115.

［27］韩晶，宋涛，陈超凡，等.基于绿色增长的中国区域创新效率研究［J］.经济社会体制比较，2013（3）：100-110.

［28］韩静，杨力，谷月.创新型人力资本对经济发展的贡献率研究——以安徽省为例［J］.管理观察，2019（21）：91-93.

［29］胡鞍钢，周绍杰.绿色发展：功能界定、机制分析与发展战略［J］.中国人口·资源与环境，2014，24（1）：14-20.

［30］胡鞍钢.从人口大国到人力资本大国：1980~2000年［J］.中国人口科学，2002（5）：3-12.

［31］胡莉娜，张江峰，邢菁.绿色经济效率国内外研究热点及演进趋势——基于CiteSpace可视化分析［J］.商业经济研究，2022（4）：189-192.

［32］胡永远，刘智勇.不同类型人力资本对经济增长的影响分析［J］.人口与经济，2004（2）：55-58.

［33］黄飞，谢良.人力资本水平对经济增长的影响［J］.商业研究，2009（6）：26-29.

［34］黄健柏，谢良，钟美瑞.我国创新型人力资本与经济增长关系的实证研究［J］.科技进步与对策，2009，26（1）：1-4.

［35］黄菁，陈霜华.环境污染治理与经济增长：模型与中国的经验研究［J］.南开经济研究，2011（1）：142-152.

［36］黄菁.环境污染、人力资本与内生经济增长：一个简单的模型［J］.南方经济，2009（4）：3-11.

［37］黄菁.环境污染与内生经济增长——模型与中国的实证检验［J］.山西财经大学学报，2010，32（6）：15-22.

［38］黄庆华，时培豪，胡江峰.产业集聚与经济高质量发展：长江经济带107个地级市例证［J］.社会科学文摘，2020（3）：52-54.

［39］黄小敬，李娆，廖文龙，等.我国各省份创新质量与绿色增长效率分析——基于超效率SBM-DDF模型的省级专利面板数据［J］.改革与战略，2021（4）：117-124.

［40］加里·贝克尔·S.人类行为的经济分析［M］.王业宇，陈琪，译.上海：上海人民出版社，1995.

［41］江三良，赵梦婵，程永生.异质性人力资本集聚与产业结构升级——基于知识溢出匹配视角［J］.经济经纬，2020，37（5）：81-89.

［42］靳娟.关于创新型人力资本的思考［J］.首都师范大学学报（社会科学版），2005（5）：67-70.

［43］景维民，王瑶，莫龙炯.教育人力资本结构、技术转型升级与地区经

济高质量发展［J］.宏观质量研究，2019，7（4）：18-32.

［44］景跃军，刘晓红.创新型人力资本与我国经济增长关系研究（1990-2010）［J］.求索，2013（1）：218-221.

［45］李海峥，梁赟玲，Fraumeni B，等.中国人力资本测度与指数构建［J］.经济研究，2010，45（8）：42-54.

［46］李红霞，席酉民.创新型人力资本及其管理激励［J］.西南交通大学学报（社会科学版），2002，3（1）：47-51.

［47］李婧，谭清美，白俊红.中国区域创新生产的空间计量分析——基于静态与动态空间面板模型的实证研究［J］.管理世界，2010，202（7）：43-55+65.

［48］李立国，杜帆.中国研究生教育对经济增长的贡献率分析——基于1996-2016年省际面板数据的实证研究［J］.清华大学教育研究，2019（2）：56-65.

［49］李敏，张婷婷，雷育胜.人力资本异质性对产业结构升级影响的研究——"人才大战"引发的思考［J］.工业技术经济，2019，38（11）：107-114.

［50］李培泓，张世奇.河北省人力资本对经济增长贡献率的实证分析［J］.河北学刊，2011，31（1）：227-230.

［51］李善同，侯永志.中国大陆：划分8大社会经济区域［J］.经济前沿，2003（5）：12-15.

［52］李星晨.创新型人力资本对经济增长作用的实证研究［D］.大连：东北财经大学，2017.

［53］李雪艳，赵吟佳，钱雪亚.人力资本异质性、结构与经济增长［J］.商业经济与管理，2012（5）：82-88.

［54］李忠民，张子珍.全球经济失衡下的中国经济区域重构［J］.山西财经大学学报，2007（5）：38-43.

［55］李忠民.人力资本——一个理论框架及其对中国一些问题的解释［M］.北京：经济科学出版社，1999.

［56］梁前德.基础统计（3版）［M］.北京：高等教育出版社，2011.

［57］刘成昆，杨容滔.环境规制、对外开放与绿色经济发展［J］.技术经济与管理研究，2022（11）：124-128.

［58］刘金涛，刘文.异质性人力资本与经济增长动态关系研究［J］.理论与改革，2014（1）：91-94.

［59］刘霖.创新型人力资本推动网络商业经济发展研究［J］.商业经济研究，2016（11）：117-118.

［60］刘明，王思文.β收敛、空间依赖与中国制造业发展［J］.数量经济技术经济研究，2018，35（2）：3-23.

［61］刘帅，钱士茹.创新型人力资本与经济增长关系的研究——基于安徽的实证分析［J］.科技与经济，2011，24（2）：85-89.

［62］刘宇峰，原志华，郭玲霞，等.陕西省城市绿色增长水平时空演变特征及影响因素解析［J］.自然资源学报，2022，37（1）：200-220.

［63］刘悦，汪克亮，史利娟.创新型人力资本对地区经济发展贡献率的实证研究——以山东省为例［J］.安徽理工大学学报（社会科学版），2018，20（1）：32-36.

［64］刘再兴.综合经济区划的若干问题［J］.经济理论与经济管理，1985（6）：45-49.

［65］刘智勇，胡永远，易先忠.异质型人力资本对经济增长的作用机制检验［J］.数量经济技术经济研究，2008（4）：96-99.

［66］刘智勇，胡永远.异质型人力资本对技术进步的影响研究［J］.财经理论与实践，2008，29（2）：86-96.

［67］刘智勇，李海峥，胡永远，等.人力资本结构高级化与经济增长——兼论东中西部地区差距的形成和缩小［J］.经济研究，2018（3）：50-63.

［68］刘智勇，张玮.创新型人力资本与技术进步：理论与实证［J］.科技进步与对策，2010，27（1）：138-142.

［69］刘智勇.创新型人力资本与经济增长［D］.长沙：湖南大学，2004.

［70］柳香如，邬丽萍.全球价值链嵌入与制造业国际竞争力提升分析——基于创新型人力资本的作用效应［J］.金融与经济，2021（2）：53-62.

［71］卢飞，刘明辉，孙元元.贸易开放、产业地理与绿色发展——集聚与产业异质性视角［J］.经济理论与经济管理，2018（9）：34-47.

［72］马庆林.中国经济区域划分与区域经济协调发展问题研究［J］.南方金融，2009（7）：27-31.

［73］欧晓万.异质型人力资本、市场需求对技术创新的影响——基于跨省的面板数据（Panel Data）实证检验［J］.上海经济研究，2007（4）：83-90.

［74］潘文卿.中国区域经济差异与收敛［J］.中国社会科学，2010（1）：72-84.

［75］彭伟辉.异质性创新人力资本对企业价值链的影响——基于我国制造业上市公司的实证检验［J］.财经科学，2019（4）：120-132.

［76］齐建国.循环经济与绿色发展——人类呼唤提升生命力的第四次技术革命［J］.经济纵横，2013（1）：43-53.

［77］钱雪亚.人力资本水平统计估算［J］.统计研究，2012，29（8）：74-82.

［78］秦晓钰.创新型人力资本驱动的中国经济增长模式转型研究［D］.济南：山东大学，2020.

［79］任乐.异质性人力资本对区域经济耦合的关联分析——基于河南省18地市的数据检验［J］.经济管理，2014（7）：31-38.

［80］萨伊.政治经济学概论［M］.陈福生，陈振骅，译.北京：商务印书馆，1982.

［81］沈坤荣，马俊.中国经济增长的"俱乐部收敛"特征及其成因研究［J］.经济研究，2002（1）：33-39.

［82］石庆焱，李伟.教育年限总和法人力资本测算——基于2010年全国人口普查数据的修订结果［J］.中国人口科学，2014（3）：95-103+128.

［83］宋德勇，杨秋月.环境规制与人力资本在破解资源诅咒中的作用［J］.城市问题，2019（9）：62-73.

［84］宋涛，荣婷婷.人力资本的集聚和溢出效应对绿色生产的影响分析［J］.江淮论坛，2016，277（3）：46-53.

［85］苏科，周超.人力资本、科技创新与绿色全要素生产率——基于长江经济带城市数据分析［J］.经济问题，2021，501（5）：71-79.

［86］孙红玲，刘长庚.论中国经济区的横向划分［J］.中国工业经济，2005（10）：27-34.

［87］孙瑾，刘文革，周钰迪.中国对外开放、产业结构与绿色经济增长——基于省际面板数据的实证检验［J］.管理世界，2014（6）：172-173.

［88］孙宁生.创新型人力资本对甘肃省经济增长影响的实证研究［D］.兰州：兰州大学，2012.

［89］孙耀武.促进绿色增长的财政政策研究［D］.北京：中共中央党校，2007.

［90］覃成林，杨霞.先富地区带动了其他地区共同富裕吗——基于空间外溢效应的分析［J］.中国工业经济，2017（10）：44-61.

［91］唐迪，莫志宏，葛林.人力资本存量对绿色TFP增长率的影响——基

于考虑环境因素的 Malmquist 指数 [J]. 科技管理研究, 2015, 35 (23): 239-245.

[92] 陶军锋. 以人力资本为基础的内生增长理论 [J]. 经济学动态, 2002 (10): 81-84.

[93] 瓦尔拉斯. 纯粹经济学要义 [M]. 蔡受百, 译. 北京: 商务印书馆, 1989.

[94] 王鹏, 郭淑芬. 正式环境规制、人力资本与绿色全要素生产率 [J]. 宏观经济研究, 2021 (5): 155-169.

[95] 王珊娜, 张勇, 纪韶. 创新型人力资本对中国经济绿色转型的影响 [J]. 经济与管理研究, 2022, 43 (7): 79-96.

[96] 王圣元, 陈万明, 周蔓. 异质性人力资本对经济增长作用区域差异研究 [J]. 工业技术经济, 2016, 35 (2): 148-153.

[97] 王帅龙, 李豫新, 曹梦渊. 空间溢出视角下创新型人力资本与经济高质量发展 [J]. 调研世界, 2022 (8): 3-12.

[98] 王帅龙, 李豫新. 创新型人力资本对经济高质量发展的影响 [J]. 统计与决策, 2022, 38 (14): 174-178.

[99] 王小鲁, 胡李鹏, 樊纲. 中国分省份市场化指数报告 [M]. 北京: 社会科学文献出版社, 2021.

[100] 王雅婧. 绿色发展是高质量发展的必由之路——访中国人民大学国家发展与战略研究院研究员张云飞 [Z]. 中央纪委国家监委网站, 2021.

[101] 王亚南. 资产阶级古典政治经济学选辑 [M]. 北京: 商务印书馆, 1979.

[102] 王玉燕, 王婉. GVC 嵌入、创新型人力资本与制造业高质量发展——基于 "新发展理念" 的影响机制分析与效应检验 [J]. 商业研究, 2020 (5): 67-76.

[103] 威廉·配第. 配第经济著作选集 [M]. 陈冬野, 等, 译. 北京: 商务出版社, 1981.

[104] 魏后凯. 当前区域经济研究的理论前沿 [J]. 开发研究, 1998 (1): 34-38.

[105] 吴晓园. 福建省人力资本对区域技术创新效率的影响研究 [J]. 华东经济管理, 2011, 25 (5): 13-15.

[106] 吴玉鸣. 中国省域经济增长趋同的空间计量经济分析 [J]. 数量经济

技术经济研究，2006（12）：102-109.

[107] 武春友，郭玲玲，于惊涛.基于TOPSIS-灰色关联分析的区域绿色增长系统评价模型及实证［J］.管理评论，2017，29（1）：228-239.

[108] 西奥多·W.舒尔茨.论人力资本投资［M］.吴珠华，等，译.北京：北京经济学院出版社，1990.

[109] 西奥多·W.舒尔茨.人力资本投资——教育和研究的作用［M］.蒋斌，张蘅，译.北京：商务印书馆，1990.

[110] 谢良，黄健柏.创新型人力资本、全要素生产率与经济增长分析［J］.科技进步与对策，2009，26（6）：153-157.

[111] 谢良.创新型人力资本对经济增长的影响研究［D］.长沙：中南大学，2008.

[112] 熊彼特.经济发展理论［M］.何畏，易家详，等，译.北京：商务印书馆，1990.

[113] 熊义杰.区域经济学［M］.北京：对外经济贸易大学出版社，2011.

[114] 徐现祥，李郇.中国城市经济增长的趋同分析［J］.经济研究，2004（5）：40-48.

[115] 薛慧芳，王国霞.对外开放对绿色经济发展的影响实证分析［J］.商业经济研究，2021（9）：190-192.

[116] 亚当·斯密.国民财富的性质和原因的研究［M］.郭大力，王亚南，译.北京：商务印书馆，2007.

[117] 杨灿.中部地区人力资本对经济增长的影响研究［D］.湘潭：湘潭大学，2018.

[118] 杨超.我国地区间人力资本结构与经济增长关系的实证研究［D］.成都：西南交通大学，2014.

[119] 杨飞.人力资本异质性与区域产业升级：劳动力市场分割与新经济地理学视角［D］.杭州：浙江大学，2014.

[120] 杨红英.论异质性人力资本［J］.思想战线，2008（2）：37-41.

[121] 杨静雯，何刚，周庆婷.创新型人才对经济发展贡献率分析——以皖北地区为例［J］.安徽理工大学学报（社会科学版），2019，21（4）：37-42.

[122] 杨骞，秦文晋.中国产业结构优化升级的空间非均衡及收敛性研究［J］.数量经济技术经济研究，2018，35（11）：58-76.

[123] 杨树珍.中国经济区划研究［M］.北京：中国展望出版社，1990.

［124］杨子晖，田磊."污染天堂"假说与影响因素的中国省际研究［J］.世界经济，2017（5）：148-172.

［125］姚嘉，张家滋.人力资本、技术创新与产业发展——基于浙江省县域数据的实证研究［J］.当代财经，2016（7）：100-107.

［126］姚树荣.论创新型人力资本［J］.财经科学，2001a（5）：10-14.

［127］姚树荣.创新型人力资本、制度与企业绩效［J］.当代财经，2001b（2）：3-7+80.

［128］姚洋，崔静远.中国人力资本的测算研究［J］.中国人口科学，2015（1）：70-78+127.

［129］易先忠.创新型人力资本与研发激励对我国技术进步影响的差异性［J］.学理论，2010（11）：67-69.

［130］袁富华，张平，陆明涛.长期经济增长过程中的人力资本结构——兼论中国人力资本梯度升级问题［J］.经济学动态，2015（5）：11-21.

［131］袁帅.人力资本存量测算方法探讨研究［J］.现代管理科学，2019（4）：109-111.

［132］张根明，陈才，曹裕，等.创新型人力资本对经济增长影响的实证研究——基于存量与水平的视角［J］.科技进步与对策，2010，27（3）：137-141.

［133］张华.创新型人力资本与高技术企业发展［J］.价格理论与实践，2003（5）：59-60.

［134］张军，章元.对中国资本存量K的再估计［J］.经济研究，2003（7）：35-43+90.

［135］张树建，高素英，郑俊丽，等.人力资本与区域经济收敛性关系研究［J］.河北工业大学学报，2012，41（3）：101-105.

［136］张旭，李伦.绿色增长内涵及实现路径研究述评［J］.科研管理，2016，37（8）：85-93.

［137］赵蕊.创新型人力资本对黑龙江省经济增长的作用研究［D］.哈尔滨：哈尔滨工业大学，2008.

［138］赵小雨.中国绿色增长效率评价及影响因素分析［D］.武汉：武汉大学，2019.

［139］赵玉田，刘晓伟.甘肃省创新人力资本与经济增长关系研究［J］.兰州财经大学学报，2018，34（1）：33-43.

［140］中共中央宣传部.习近平总书记系列重要讲话读本［M］.北京：学习

出版社，人民出版社，2014.

［141］周坤. 论人力资本的特征及其价值实现［J］. 中国科技论坛，1997（3）：21-24.

［142］朱琪，李鸿玲. 技术创新型人力资本对工业产业竞争力作用研究：以广东省为例［J］. 当代财经，2007（7）：75-80.

［143］Abid N，Ikram M，Wu J，et al. Towards Environmental Sustainability：Exploring the Nexus Among ISO 14001，Governance Indicators and Green Economy in Pakistan［J］. Sustainable Production and Consumption，2021，27：653-666.

［144］Ahmad M，Wu Y. Combined Role of Green Productivity Growth，Economic Globalization，and Eco-innovation in Achieving Ecological Sustainability for OECD Economies［J］. Journal of Environmental Management，2022，302：113980.

［145］Altinok N，Murseli H. International Database on Human Capital Quality［J］. Research Papers in Economics，2006，96（2）：1-21.

［146］Arčabić V，Kim K T，You Y，et al. Century-long Dynamics and Convergence of Income Inequality among the US States［J］. Economic Modelling，2021，101：105526.

［147］Arrow K J. The Economic Implications of Learning by Doing［M］//Arrow K J. Readings in the Theory of Growth. Heidelberg：Springer，1971.

［148］Azariadis C，Drazen A. Threshold Externalities in Economic Development［J］. Quarterly Journal of Economics，1990，105：501-526.

［149］Barro R J，Lee J W. International Data on Educational Attainment：Updates and Implications［J］. Oxford Economic Papers，2001，53（3）：541-563.

［150］Barro R J，Sala-I-Martin X. Convergence［J］. Journal of Political Economy，1991，100：223-251.

［151］Barro R J，Sala-I-Martin X. Economic Growth［M］. New York：McGraw-Hill，1995.

［152］Barro R J. Determinants of Economic Growth：A Cross-country Empirical Study［M］. Cambridge：The MIT Press，1997.

［153］Barro R J. Economic Growth in a Cross Section of Countries［J］. The Quarterly Journal of Economics，1991，106（2）：407-443.

［154］Barua S. Chapter 14-Green Growth and Energy Transition：An Assessment of Selected Emerging Economies［M］//Shahbaz M，Tiwari A K，Sinha A. Energygrowth Nexus in an Era of Globalization. Amsterdam: Elsevier, 2022.

[155] Bayar Y, Smirnov V, Danilina M, et al. Impact of Institutions and Human Capital on CO_2 Emissions in EU Transition Economies [J]. EcoPapers, 2022, 14 (1):1-12.

[156] Benhabib J, Spiegel M M. The Role of Human Capital in Economic Development: Evidence from Aggregate Cross-country and Regional US Data [J]. Journal of Monetary Economics, 1994, 34 (2): 143-173.

[157] Boldrin M, Nishimura K, Shigoka T, et al. Chaotic Equilibrium Dynamics in Endogenous Growth Models [J]. Journal of Economic Theory, 2001, 96 (1-2): 97-132.

[158] Bosworth B P, Collins S M. The Empirics of Growth: An Update [C]. Proceedings of the 76th Conference of the Brookings-Panel-on-Economic-Activity, 2003.

[159] Bretschger L. Energy Prices, Growth, and the Channels in between: Theory and Evidence [J]. Resource Energy Economics, 2015, 39: 29-52.

[160] Card D, Krueger A B. Does School Quality Matter? Returns to Education and the Characteristics of Public Schools in the United States [J]. Journal of Political Economy, 1992, 100 (1): 1-40.

[161] Casadio Tarabusi E, Guarini G. An Axiomatic Approach to Decoupling Indicators for Green Growth [J]. Ecological Indicators, 2018, 84: 515-524.

[162] Chen S S, Luoh M C. Are Mathematics and Science Test Scores Good Indicators of Labor-force Quality? [J]. Social Indicators Research, 2010, 96 (1): 133-143.

[163] Cravo T A, Soukiazis E. Human Capital and the Convergence Process Among Countries [J]. Review of Development Economics, 2008, 12 (1): 124-142.

[164] Eisner R. The Total Incomes System of Accounts [M]. Chicago: University of Chicago Press, 1989.

[165] Fedderke J. Technology, Human Capital and Growth: Evidence from A Middle Income Country Case Study Applying Dynamic Heterogeneous Panel Analysis [C]. Proceedings of the Royal Economic Society Conference, 2002.

[166] Felice E. Regional Convergence in Italy, 1891-2001: Testing Human and

Social Capital [J]. Cliometrica, 2012, 6 (3): 267-306.

[167] Filmer D, Pritchett L. The Effect of Household Wealth on Educational Attainment: Evidence from 35 Countries [J]. Population and Development Review, 1999, 25 (1): 85-120.

[168] Fisher-Vanden K, Jefferson G H, Ma J, et al. Technology Development and Energy Productivity in China [J]. Energy Economics, 2006, 28 (5): 690-705.

[169] Gemmell N. Evaluating the Impacts of Human Capital Stocks and Accumulation on Economic Growth: Some New Evidence [J]. Oxford Bulletin of Economics, 1996, 58 (1): 9-28.

[170] Gradus R, Smulders S. The Trade-off between Environmental Care and Long-term growth——Pollution in Three Prototype Growth Models [J]. Journal of Economics, 1993, 58 (1): 25-51.

[171] Grossman G M, Krueger A B. Environmental Impacts of a North American Free Trade Agreement [R]. NBER Working Paper, 1991.

[172] Groth C, Schou P. Can Non-renewable Resources Alleviate the Knife-edge Character of Endogenous Growth? [J]. Oxford Economic Papers, 2002, 54 (3): 386-411.

[173] Groth C, Schou P. Growth and Non-renewable Resources: The Different Roles of Capital and Resource Taxes [J]. Journal of Environmental Economics and Management, 2007, 53 (1): 80-98.

[174] Gundlach E. The Role of Human Capital in Economic Growth: New Results and Alternative Interpretations [R]. 1995.

[175] Haas R, Popov A. Financial Development and Industrial Pollution [J]. SSRN Electronic Journal, 2018.

[176] Hallegatte S, Heal G M, Fay M, et al. From Growth to Green Growth——A Framework [R]. Policy Research Working Paper Series, 2011.

[177] Hanushek E A, Kimko D D. Schooling, Labor-force Quality, and the Growth of Nations [J]. American Economic Review, 2000, 90 (5): 1184-1208.

[178] Hanushek E A. The Failure of Input-based Schooling Policies [J]. The Economic Journal, 2003, 113 (485): F64-F98.

[179] Hanushek E A, Woessmann L. The Role of Cognitive Skills in Economic

Development [J]. Journal of Economic Literature, 2008, 46 (3): 607-668.

[180] Hao X, Li Y, Ren S, et al. The Role of Digitalization on Green Economic Growth: Does Industrial Structure Optimization and Green Innovation Matter? [J]. Journal of Environmental Management, 2023, 325: 116504.

[181] Harbison F, Myers C A J C E R. Education and Employment in the Newly Developing Economies [J]. Comparative Education Review, 1964, 8 (1): 5-10.

[182] Hartman R, Kwon O S. Sustainable Growth and the Environmental Kuznets Curve [J]. Journal of Economic Dynamics and Control, 2005, 29 (10): 1701-1736.

[183] Hille E, Shahbaz M, Moosa I. The Impact of FDI on Regional Air Pollution in the Republic of Korea: A Way ahead to Achieve the Green Growth Strategy? [J]. Energy Economics, 2019, 81: 308-326.

[184] Islam N. Growth Empirics: A Panel Data Approach [J]. Quarterly Journal of Economics, 1995, 110 (4): 1127-1170.

[185] Islam R, Ang J B, Madsen J. Quality-adjusted Human Capital and Productivity Growth [J]. Economic Inquiry, 2014, 52 (2): 757-777.

[186] Jiang S, Liu X, Liu Z, et al. Does Green Finance Promote Enterprises' Green Technology Innovation in China? [J]. Frontiers in Environmental Science, 2022, 10: 1-12.

[187] Jones G, Schneider W J. Intelligence, Human Capital, and Economic Growth: A Bayesian Averaging of Classical Estimates (BACE) Approach [J]. Journal of Economic Growth, 2006, 11 (1): 71-93.

[188] Jorgenson D W, Fraumeni B M. Investment in Education and U. S. Economic Growth [J]. Scandinavian Journal of Economics, 1992 (94): 51-70.

[189] Jorgenson D W, Fraumeni B M. Investment in Education [J]. Educational Researcher, 1989, 18 (4): 35-44.

[190] Keller K R I. Investment in Primary, Secondary, and Higher Education and the Effects on Economic Growth [J]. Contemporary Economic Policy, 2006, 24 (1): 18-34.

[191] Kendrick J W. The Formation and Stocks of Total Capital [M]. Cambridge: NBER Books, 1976.

[192] Khan I, Hou F, Zakari A, et al. The Dynamic Links Among Energy

Transitions, Energy Consumption, and Sustainable Economic Growth: A Novel Framework for IEA Countries [J]. Energy, 2021, 222: 119935.

[193] Khan K, Su C wei. Does Technology Innovation Complement the Renewable Energy Transition? [J]. Environmental Science and Pollution Research, 2023, 30 (11): 30144-30154.

[194] Khan Z, Sisi Z, Siqun Y. Environmental Regulations an Option: Asymmetry Effect of Environmental Regulations on Carbon Emissions Using Non-linear ARDL [J]. Energy Sources, PartA: Recovery, Utilization, and Environmental Effects, 2019, 41 (2): 137-155.

[195] Krueger B A, Lindahl M. Education for Growth: Why and for Whom? [J]. Journal of Economic Literature, 2001, 39: 1101-1136.

[196] Krueger B A. Experimental Estimates of Education Production Functions [J]. Quarterly Journal of Economics, 1999, 114 (2): 497-532.

[197] Le T, Gibson J, Oxley L. Cost-and Income-based Measures of Human Capital [J]. Journal of Economic Surveys, 2003, 17 (3): 271-307.

[198] Lee J W, Barro R J. Schooling Quality in a Cross-section of Countries [J]. Economica, 2001, 68: 465-488.

[199] LeSage J P, Pace R K. Introduction to Spatial Econometrics [M]. New York: CRC Press, Taylor and Francis Group, 2009.

[200] Levine R, Renelt D. A Sensitivity Analysis of Cross-country Growth Regressions [J]. American Economic Review, 1992: 942-963.

[201] Li C, Song L. Regional Differences and Spatial Convergence of Green Development in China [J]. Sustainability, 2022, 14 (14): 8511.

[202] Lin X, Zhao Y, Ahmad M, et al. Linking Innovative Human Capital, Economic Growth, and CO_2 Emissions: An Empirical Study Based on Chinese Provincial Panel Data [J]. International Journal of Environmental Research and Public Health, 2021, 18 (16): 8503.

[203] Lucas R E, JR. Why Doesn't Capital Flow from Rich to Poor Countries? [J]. American Economic Review, 1990, 80 (2): 92-96.

[204] Lucas R E. On the Mechanics of Economic Development [J]. Journal of Monetary Economics, 1988, 22 (1): 25-36.

[205] Mankiw N G, Romer D, Weil D N. A Contribution to the Empirics of E-

conomic Growth ［J］. Quarterly Journal of Economics，1992，107（2）：407-437.

［206］ Mannasoo K，Hein H，Ruubel R. The Contributions of Human Capital，R&D Spending and Convergence to Total Factor Productivity Growth ［J］. Regional Studies，2018，52（12）：1598-1611.

［207］ McGuirk H，Lenihan H，Hart M. Measuring the Impact of Innovative Human Capital on Small Firms' Propensity to Innovate ［J］. Research Policy，2015，44（4）：965-976.

［208］ Meyer B，Meyer M，Distelkamp M. Modeling Green Growth and Resource Efficiency：New Results ［J］. Mineral Economics，2012，24（2-3）：145-154.

［209］ Mino K. Indeterminacy and Endogenous Growth with Social Constant Returns ［J］. Journal of Economic Theory，2001，97（1）：203-222.

［210］ Mitchelmore M，Bagheri S，Bamiatzi V，et al. Internationalization Orientation in SMEs：The Mediating Role of Technological Innovation ［J］. Journal of International Management，2019，25（1）：121-139.

［211］ Mulligan C B，Sala-I-Martin M X. Measuring Aggregate Human Capital ［J］. Journal of Economic Growth，1994，5（3）：215-252.

［212］ Murphy K M，Shleifer A，Vishny R W. The Allocation of Talent：Implications for Growth ［J］. Quarterly Journal of Economics，1991，106（2）：503-530.

［213］ Nelson R R，Phelps E S. Investment in Humans，Technological Diffusion and Economic Growth ［J］. American Economic Review，1966，56（1/2）：69-75.

［214］ Nonneman W，Vanhoudt P. A Further Augmentation of the Solow Model and the Empirics of Economic Growth for OECD Countries ［J］. Quarterly Journal of Economics，1996，111（3）：943-953.

［215］ OECD. Towards Green Growth：A Summary for Policy Makers ［R］. Paris，2011.

［216］ Ortigueira S. A Dynamic Analysis of an Endogenous Growth Model with Leisure ［J］. Economic Theory，2000，16（1）：43-62.

［217］ Panayotou T. Empirical Tests and Policy Analysis of Environmental Degradation at Different Stages of Economic Development ［R］. Technology and Employment Programme. International Labor Office. Working Paper WP. 238，1993.

［218］ Penn World Table ［Z］.

［219］ Peretto P F. Smith V K. Carbon Policy and Technical Change：Market

Structure, Increasing Returns, and Secondary Benefits. Final Report [R]. Office of Scientific and Technical Information Technical Reports, 2001.

[220] Porter M E, van der Linde C. Toward a New Conception of the Environment-competitiveness Relationship [J]. Journal of Economic Perspectives, 1995, 9 (4): 97-118.

[221] Psacharopoulos G. Returns to Investment in Education: A Global Update [J]. World Development, 1994, 22 (9): 1325-1343.

[222] Ramos R, Surinach J, Artis M. Human Capital Spillovers, Productivity and Regional Convergence in Spain [J]. Papers in Regional Science, 2010, 89 (2): 435-447.

[223] Ramsey P F. A Mathematical Theory of Saving [J]. The Economic Journal, 1928, 38 (152): 543-559.

[224] Razzaq A, Sharif A, Ozturk I, et al. Dynamic and Threshold Effects of Energy Transition and Environmental Governance on Green Growth in COP26 Framework [J]. Renewable and Sustainable Energy Reviews, 2023, 179: 113296.

[225] Reilly J M. Green Growth and the Efficient Use of Natural Resources [J]. Energy Economics, 2012, 34: S85-S93.

[226] Rochon M P. Convergence in Green Growth as the Key to Fighting Climate Change, 1990-2019 [J]. Energies, 2021, 14 (24): 1-11.

[227] Romer P M. Endogenous Technological Change [J]. Journal of Political Economy, 1990, 98 (5): 71-102.

[228] Romer P M. Increasing Returns and Long Run Growth [J]. Journal of Political Economy, 1986, 94 (5): 1002-1037.

[229] Romer P M. What Determines the Rate of Growth and Technological Change? [R]. Policy Research Working Paper from The World Bank, No. 279, 1989.

[230] Sala-I-Martin X. 15 Years of New Growth Economics: What Have We Learnt? [R]. Central Bank of Chile Working Papers, No. 172, 2002.

[231] Sala-I-Martin X. The Classical Approach to Convergence Analysis [J]. Ecnomic Journal, 1996, 106 (437): 1019-1036.

[232] Savage J M, Hudson M D, Osborne P E. Chapter 18-The challenges of establishing marine protected areas in South East Asia [M] //Humphreys J, Clark R W E. Marine Protected Areas. Amsterdam: Elsevier, 2020: 343-359.

[233] Schmalensee R. From "Green Growth" to Sound Policies: An Overview [J]. Energy Economics, 2012, 34 (S1): S2-S6.

[234] Segerstrom P S. Endogenous Growth Without Scale Effects [J]. American Economic Review, 1998, 88 (5): 1290-1310.

[235] Shang Y M, Si Y F, Zeng G. Black or Green? Economic Growth Patterns in China under Low Carbon Economy Targets [J]. Journal of Resources and Ecology, 2015, 6 (5): 310-317.

[236] Shen Z Y, Shao A N, Chen J Y, et al. The Club Convergence of Green Productivity across African Countries [J]. Environmental Science and Pollution Research, 2022, 29 (3): 4722-4735.

[237] Solarin S A, Bello M O, Tiwari A K. The Impact of Technological Innovation on Renewable Energy Production: Accounting for the Roles of Economic and Environmental Factors Using a Method of Moments Quantile Regression [J]. Heliyon, 2022, 8 (7): E09913.

[238] Solow R M. A Contribution to the Theory of Economic Growth [J]. Quarterly Journal of Economics, 1956, 70 (1): 65-94.

[239] Solow R M. Some Lessons from Growth Theory [M]//Sharpe W F, Cootner CM. Financial Economics. New Jersey: Prentice-Hall, 1982.

[240] Soukiazis E, Cravo T. What Type of Human Capital Better Explains the Convergence Process among Countries [R]. CENEUROP Working Paper, 2006.

[241] Sun H P, Kporsu A K, Taghizadeh-Hesary F, et al. Estimating Environmental Efficiency and Convergence: 1980 to 2016 [J]. Energy, 2020: 118224.

[242] Temple J. A Positive Effect of Human Capital on Growth [J]. Economics Letters, 1999, 65: 131-134.

[243] The World Bank. Inclusive Green Growth: The Pathway to Sustainable Development [R]. Washington D. C.: The World Bank, 2012.

[244] The World Bank. The Human Capital Index 2020 Update: Human Capital in the Time of COVID-19 [R]. Washington D. C.: The World Bank, 2021.

[245] UNESCO. World Education Report 1993 [R]. 1993.

[246] Uzawa H J. Optimum Technical Change in an Aggregative Model of Economic Growth [J]. International Economic Review, 1965, 6 (1): 18-31.

[247] Wang F, Wu M. Does Air Pollution Affect the Accumulation of Technolog-

ical Innovative Human Capital? Empirical Evidence from China and India [J]. Journal of Cleaner Production, 2020: 124818.

[248] Wolff E. Human Capital Investment and Economic Growth: Exploring The Cross-country Evidence [J]. Structural Change and Economic Dynamics, 2000, 11: 433-472.

[249] Xu Y, Li A. The Relationship between Innovative Human Capital and Interprovincial Economic Growth Based on Panel Data Model and Spatial Econometrics [J]. Journal of Computational Applied Mathematics, 2020, 365: 112381.

[250] Yousaf U B, Ullah I, Jiang J, et al. The Role of Board Capital in Driving Green Innovation: Evidence from China [J]. Journal of Behavioral and Experimental Finance, 2022, 35: 100714.

[251] Zhai X Q, Xue R, He B, et al. Dynamic Changes and Convergence of China's Regional Green Productivity: A Dynamic Spatial Econometric Analysis [J]. Advances in Climate Change Research, 2022, 13 (2): 266-278.

[252] Zhao S, Jiang Y, Wang S. Innovation Stages, Knowledge Spillover, and Green Economy Development: Moderating Role of Absorptive Capacity and Environmental Regulation [J]. Environmental Science and Pollution Research, 2019, 26 (24): 25312-25325.

[253] Zhu Y, Liang D P, Liu T S. Can China's Underdeveloped Regions Catch up with Green Economy? A Convergence Analysis from the Perspective of Environmental Total Factor Productivity [J]. Journal of Cleaner Production, 2020, 255:120216.